Spontan

- Birgit Carle
  Professeur
  Lycée franco-allemand
  Buc

- Nathalie Faure-Paschal
  Professeur
  Collège Paul Eluard
  Guyancourt

- Marianne Hoock-Douilly
  Professeur
  Lycée franco-allemand
  Buc

- Aline Wegener
  Professeur
  Institut Notre Dame
  Meudon

- sous la direction pédagogique de
  Wolf Halberstadt
  IA-IPR
  Académie de Versailles

didier

Inhaltsverzeichnis Sommaire

28 Arbeitsheft: Parler de ce qui nous appartient
29 Arbeitsheft: Des questions
30 Arbeitsheft: „Sein" ou „ihr"
31 Seite 35, Aussprache

Einheit 2

Etappe 4

32 Arbeitsheft: Le pluriel
33 Seite 44, 2. Alle unsere Tiere
34 Arbeitsheft: La syllabe accentuée
35 Arbeitsheft: [ɛ]/[a]
36 Seite 46, Ein Hannes zu viel
37 Seite 49, 7. Noch Fragen?
38 Seite 51, Aussprache

Etappe 5

39 Seite 53, 1. Familienfotos
40 Arbeitsheft: La syllabe accentuée
41 Seite 57, 4. Am Telefon
42 Seite 61, Aussprache

Etappe 6

43 Seite 64, 2. Wir sind Freunde!
44 Seite 71, Aussprache

Einheit 3

Etappe 7

45 Seite 79, 1. Rund um die Uhr
46 Arbeitsheft: L'heure
47 Arbeitsheft: L'accent de mot
48 Seite 81, 3. Ein Tag bei uns
49 Seite 84, 5. Ein Tag bei „logo"-TV
50 Seite 87, Aussprache

Etappe 8

51 Arbeitsheft: L'accent de phrase
52 Seite 90, 2. Ein Tag am Hainberg-Gymnasium
53 Seite 93, 3. In der Mathestunde
54 Seite 94, 4. Das Hainberg-Gymnasium stellt sich vor
55 Seite 97, Aussprache

Etappe 9

56 Seite 99, 1. Ein Jahr, viele Feste
57 Arbeitsheft: Les noms de mois
58 Seite 100, 2. Alles Gute zum Geburtstag
59 Seite 102, Ein Hannes zu viel
60 Seite 107, Aussprache
61 Arbeitsheft: [ç]/[x]

Einheit 4

Etappe 10

62 Seite 115, 1. Bilder aus der Stadt
63 Seite 116, 2. Das ist Göttingen!
64 Seite 119, 5. Was nun?
65 Seite 120, 6. Zwei Städte, zwei Programme
66 Seite 123, Aussprache
67 Arbeitsheft: [øː]/[ɔy]

Etappe 11

68 Seite 126, 2. Ein Klassenausflug der Freunde aus Weißwasser
69 Seite 128, Ein Hannes zu viel
70 Arbeitsheft: Les contes allemands
71 Seite 130, 5. Auf den Spuren der deutschen Märchen
72 Seite 133, Aussprache
73 Arbeitsheft: [s] / [ts]
74 Seite 134, Die Bremer Stadtmusikanten

Etappe 12

75 Arbeitsheft: Les noms de pays
76 Seite 135, 1. Flug nach…
77 Seite 136, 2. Ferienziele
78 Seite 139, 5. Endlich wird alles klar.
79 Seite 138, Ein Hannes zu viel
80 Seite 143, Aussprache

Grammatik	Landeskunde	Projekt
Le verbe *sein* au présent singulier L'article défini au nominatif / les genres Les pronoms personnels singuliers au nominatif Le verbe faible au présent singulier : *wohnen* Les pronoms interrogatifs La place du verbe dans l'interrogative partielle	Vornamen und Namen	Eine Seite für ein Freundschaftsbuch
Les verbes faibles au présent pluriel Le pronom personnel à la 3e personne du pluriel Le verbe *haben* au présent de l'indicatif Le verbe *sein* au présent pluriel Compléments de temps : *am, um, von ... bis* La place du verbe dans la déclarative	Freizeitangebote einer deutschen Stadt	Ein „Gedicht" auf Deutsch
Le verbe de modalité *mögen* au présent de l'indicatif L'article indéfini à l'accusatif / La négation avec *kein* Les déterminants possessifs au singulier	Was Jugendliche in Deutschland mögen	Ein Porträt
Le verbe de modalité *können* au présent de l'indicatif Les verbes forts en *a* au présent de l'indicatif L'adjectif attribut	Der Berliner Zoo und sein Angebot	Ein Tierlexikon
La préposition *mit* + datif Le locatif avec *in* Indiquer la cause : la conjonction de coordination *denn*	Häuser und Wohnungen	Eine Bildgeschichte
Le verbe *helfen* au présent Les pronoms personnels au datif singulier L'impératif à la 2e personne du singulier et du pluriel Le verbe de modalité *müssen* au présent de l'indicatif	Engagement von Jugendlichen	Ein Geschichtenpuzzle
Les verbes à préverbe séparable Le directif : la préposition *zu* + datif La négation avec *nicht*	Ein Tag in der Redaktion von „logo"-TV	Meine Uhr: eine Collage
La phrase déclarative : la mise en relief Le déterminant possessif à la 1re personne du pluriel Les noms composés	Ein Tag im Hainberg-Gymnasium	Unsere Schule: eine Reportage
Compléments de temps : les prépositions *an, in* et *zu* Le verbe *mögen* au subjonctif II Le groupe verbal à l'infinitif	Rezepte	Ein Jahresspiel
Le verbe *sein* au prétérit Le verbe de modalité *wollen* au présent de l'indicatif La subordonnée complétive : *dass*	Angebote für Jugendliche in Göttingen und Weißwasser	Ein Porträt meiner Stadt
Le verbe de modalité *sollen* au présent de l'indicatif Le parfait des verbes faibles et verbes forts	Die deutsche Märchenstraße	Ein Lesewettbewerb
Le directif avec les prépositions *in* et *nach* L'adjectif épithète à l'accusatif	Zwei Inseln: Rügen und Sylt	Das Spontanquiz

Vorwort Avant-Propos

Spontan 1 est le premier manuel d'une nouvelle collection de collège qui comportera quatre niveaux. Il a été conçu aussi bien pour les élèves de 6e LV1 qui ont commencé à apprendre l'allemand à l'école primaire que pour ceux qui débutent leur apprentissage en tant que LV2 (en 6e bilangue, en classe de 5e ou de 4e). La conception du manuel tient compte de cette diversité des parcours ainsi que de la variété des publics auxquels il s'adresse.

Les contenus du manuel correspondent au programme en vigueur qui est adossé au *Cadre européen commun de référence pour les langues*. Les matériaux et les didactisations que nous proposons sont destinés à permettre aux élèves de s'approprier progressivement les compétences des niveaux A1 et A2 du CECRL, ce dernier niveau devrait être globalement atteint à la fin de la deuxième année d'apprentissage avec **Spontan 2** (Palier 1 du collège). Les élèves qui continueront l'apprentissage en 3e et/ou 4e année pourront poursuivre leur parcours avec **Spontan 3** et **4** pour s'approcher du niveau B1.

Trois axes nous ont guidés dans la conception de la méthode :
- garantir un entraînement équilibré aux cinq activités langagières ;
- mettre la perspective actionnelle au service des apprentissages en tenant compte de manière réaliste du cadre de l'apprentissage (la classe) lors de la mise en œuvre des situations de communication ;
- favoriser l'utilisation de documents authentiques pour créer un lien réel immédiat avec les pays de langue allemande tout en intégrant de manière systématique les notions culturelles dans chaque étape ;
- intégrer l'évaluation sous toutes ses formes dans le projet d'apprentissage.

Le manuel comprend quatre grandes unités *(Einheiten)* qui sont chacune subdivisée en trois étapes *(Etappen)*. L'identification des trois rubriques de chaque étape permet de percevoir l'originalité du concept de **Spontan** :

> *Bei Freunden :* Ce premier module est constitué de reportages sur cinq élèves de Göttingen et six autres de Weißwasser. Les élèves français ont ainsi directement accès à la vie de jeunes Allemands du même âge et sont amenés à s'exprimer eux-mêmes sur leur vie quotidienne dans le cadre de la famille, de l'école et des loisirs.

> *Das Buch im Buch :* Il s'agit d'une fiction écrite pour le manuel. En lien avec les deux autres modules de l'étape, cette histoire crée par l'intermédiaire du personnage principal, Hannes, un lien affectif fort avec le lecteur tout en lui permettant de s'appuyer sur ses acquis pour réussir une première lecture suivie.

> *Vor Ort :* Conçu comme un magazine destiné au jeune public, ce module prolonge les deux premiers par l'exploitation active de documents authentiques.

En fonction des compétences et de l'âge des élèves, il est possible de concevoir des parcours adaptés à chaque public. Il faudra parfois plus de temps pour parcourir le module *« Bei Freunden »* avec des élèves de 6e qui débutent l'apprentissage de l'allemand qu'avec des élèves de 4e LV2. Pour ces derniers, une exploitation plus détaillée du module *« Vor Ort »* peut se révéler utile.

Nous avons eu grand plaisir à concevoir la méthode **Spontan**. Nous remercions tous ceux qui nous ont aidés et soutenus dans cette entreprise complexe, en particulier les élèves, leurs familles et professeurs du Hainberg-Gymnasium de Göttingen et du Landau-Gymnasium de Weißwasser. Nous adressons également nos chaleureux remerciements à Claudine Chatenet, professeur d'allemand au lycée G. Pompidou à Villeneuve-la-Garenne, pour ses conseils avisés.
À notre tour de vous souhaiter :

Viel Spaß und viel Erfolg mit Spontan!
Les auteurs

Arbeitsanweisungen Consignes

Voici les consignes que tu retrouveras dans ton manuel – elles t'aideront à comprendre ce qu'il faut faire.

HÖREN

Hör zu.	*Écoute.*
Mache dir Notizen.	*Prends des notes.*
Notiere die Informationen.	*Note les informations.*
Assoziiere Bild und Text.	*Associe image et texte.*
Was erfährst du?	*Qu'apprends-tu ?*

LESEN

Lies den Text.	*Lis le texte.*
Mache dir Notizen.	*Prends des notes.*
Sieh dir die Karte an.	*Regarde la carte.*
Suche Indizien.	*Cherche des indices.*
Sammle Informationen zum Thema.	*Rassemble des informations sur le sujet.*
Welches Bild passt zu welchem Text?	*Quelle image correspond à quel texte ?*
Ordne zu.	*Attribue.*

SPRECHEN DIALOG

Sprich mit deinem Partner.	*Parle avec ton partenaire.*
Frag Partner B.	*Demande à B.*
Stell Fragen.	*Pose des questions.*
Antworte auf die Frage.	*Réponds à la question.*
Erfindet einen Dialog.	*Inventez un dialogue.*
Spielt die Szene.	*Jouez la scène.*
Macht eine Umfrage.	*Faites un sondage.*
Sprich nach.	*Répète.*

Les formes de travail :

- ● = Einzelarbeit / *travail individuel*
- ●● = Partnerarbeit / *travail en binôme*
- ●●● = Gruppenarbeit / *travail en groupe*
- ●●●●● = ganze Klasse / *classe entière*

SPRECHEN MONOLOG

Sprich über…	*Parle de…*
… deine Schule.	*… ton école.*
… deine Ferien.	*… tes vacances.*
Bereite eine Präsentation vor.	*Prépare une présentation.*
Gib ein Beispiel.	*Donne un exemple.*
Stell die Aktivitäten vor.	*Présente les activités.*
Erzähl von deinen Ferien.	*Parle de tes vacances.*
Erzähle eine Geschichte.	*Raconte une histoire.*
Lies vor.	*Lis à haute voix.*

SCHREIBEN

Schreib…	*Écris…*
… einen Satz.	*… une phrase.*
… einen Text.	*… un texte.*
… einen Artikel.	*… un article.*
Erfinde eine Geschichte.	*Invente une histoire.*
Bilde Sätze.	*Fais des phrases.*
Ergänze.	*Complète.*
Schreib das Wort auf.	*Copie le mot.*
Schreib die Antwort in dein Arbeitsheft.	*Écris la réponse dans ton cahier d'activités.*

Zusammen arbeiten + Projekte

Bildet Gruppen.	*Formez des groupes.*
Übt zusammen.	*Entraînez-vous.*
Wähl eine Rolle.	*Choisis un rôle.*
Such ein Bild aus.	*Sélectionne une image.*
Du brauchst Farbstifte.	*Il te faut des crayons de couleur.*
Benutze ein Wörterbuch	*Utilise un dictionnaire.*
Illustriere die Seite.	*Illustre la page.*
Zeichne dein Zimmer.	*Dessine ta chambre.*
Schneide das Foto aus.	*Découpe la photo.*
Klebe das Bild auf.	*Colle l'image.*
Wir basteln eine Uhr.	*Nous fabriquons une horloge.*

Einheit 1

wolfgan
isi julia
Wer bin ich,
Das mag ich,
Das mag ich.
das bin ich.

Das bin ich!

Projekte

Etappe 1 **Erste Infos** .... Meine Seite

Etappe 2 **Volles Programm** .... Mein Wochengedicht

Etappe 3 **Tops und Flops** .... Mein Porträt

LERNZIELE

Comprendre des mots familiers et des expressions très courantes au sujet de soi-même, son environnement concret et immédiat, si les gens parlent lentement et distinctement.

Comprendre des consignes simples.

Comprendre des mots familiers, des mots et des phrases simples par exemple dans des textes courts, des prospectus…

Comprendre des messages simples (p. ex. des courriels de correspondants).

Poser des questions simples sur l'identité d'autres personnes. Répondre à des questions sur soi-même.

Saluer quelqu'un et prendre congé.

Se présenter en indiquant son nom, son âge, le lieu où l'on habite et la classe dans laquelle on est.

Parler de ses activités et de ses goûts.

Copier des mots et des expressions sans erreur.

Indiquer des détails personnels dans un questionnaire.

Écrire des textes très simples pour parler de soi.

Ganz spontan

Eine Sprache, drei Länder

Erste Infos

Am Ende dieser Etappe machst du deine Seite für ein Freundschaftsbuch.

1. Hallo!

Hören+ Sprechen [Dialog]

Schritt 1 *Hör zu: Was kennst du schon?*

Schritt 2 *Grüße deinen Partner / deine Partnerin und sag deinen Namen.*

Schreiben

> Und jetzt... *Schreib dein Namensschild.* → Arbeitsheft S. 3

Name: ....

Vorname: ....

2. Die 5 aus Göttingen

Hören +Schreiben

Schritt 1 *Sieh das Foto an und lies die Etiketten.*

Schritt 2 *Hör und ordne zu.* → Arbeitsheft S. 6

Schritt 3 *Schreib das Formular für B.*

A.
Name: Schweda
Vorname: Annika
Alter: 13
Klasse: 7d
Wohnort: Rosdorf

B.
Name: Schneller
Vorname: Marlies
Alter:
Klasse:
Wohnort:

C.
Name: Schmidt-Hurtienne
Vorname: Annemarie
Alter: 13
Klasse: 7d
Wohnort: Herberhausen

D.
Name: Schuster
Vorname: Valerian
Alter: 13
Klasse: 7d
Wohnort: Diemarden

E.
Name: Steuernagel
Vorname: Lukas
Alter: 13
Klasse: 7d
Wohnort: Göttingen

Sprechen [Monolog]

> Und jetzt... *Stell dich vor.* → Arbeitsheft S. 6

– Name
– Vorname
– Alter
– Klasse
– Wohnort

3. E-Mails aus Weißwasser

Lesen +Schreiben

Lies die E-Mails und notiere die Informationen: → Arbeitsheft S. 8

– Vorname,
– Name,
– Alter,
– Klasse,
– Wohnort.

1.

Hallo! Ich bin Annekatrin Brill und bin 14 Jahre alt. Ich gehe auf das Landau-Gymnasium in Weißwasser in die achte Klasse. Meine beste Freundin ist Constanze Fürll. Bis bald!

Annekatrin

2.

Hallo, mein Name ist Anna-Maria Bertko. Ich wohne in Weißwasser. Ich bin 13 Jahre alt. Meine Schwester Janika ist 10 Jahre alt.

Viele Grüße Anna-Maria

3.

Ich heiße Oliver Skalecki, bin 14 Jahre alt und wohne in Weißwasser.
Ich bin ein großer Fußballfan und fahre auch gern Rad.
Ich bin häufig im Internet und chatte gern mit Freunden.

Oliver

4.

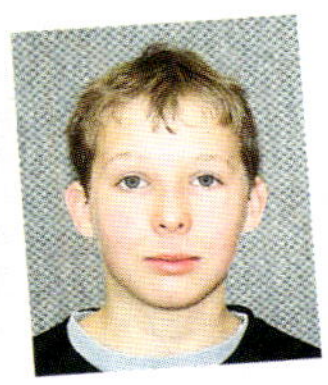

Hallo, ich heiße Sebastian Budszuhn. Ich komme aus Weißwasser und bin 13 Jahre alt. Ich gehe auf das Landau-Gymnasium in die 7. Klasse. Meine Hobbys sind Volleyball und viele andere Sportarten.

Sebastian

5.

Hallo! Ich heiße Maxi Werban und bin 13 Jahre alt. Ich gehe auf das Landau-Gymnasium in Weißwasser. In meiner Freizeit tanze ich gerne und ich spiele Gitarre.

Maxi :)

Schreiben

> Und jetzt... *Schreib deine E-Mail.* → Arbeitsheft S. 8

Ein Hannes zu viel
Folge 1
Oh Schreck, viel zu spät!
Wer ist denn das? Da sitzt einer, der sieht aus wie ich...
Hallo Hannes, du bist doch Hannes Kempmann, oder?
Ich bin hier, ich bin auch da...
7b
Wie heißt du?
Na, Hannes!
7b

4. Wer ist denn das?

Lesen +Sprechen [Monolog]

Schritt 1 *Lies den Comic und ergänze das Namensschild.*

Schritt 2 *Stell Hannes vor.* → Arbeitsheft S. 9

Name: ....

Vorname: ....

Klasse: ....

5. Na so was!

Hören +Sprechen [Dialog]

Schritt 1 *Hör zu: Wer spricht?* → Arbeitsheft S. 9

Schritt 2 *Was ist los?* → Arbeitsheft S. 10

Sprechen [Dialog]

> Und jetzt... *Spielt die Szene.*

Grammatik

Im Kontext

Parler de soi, parler de quelqu'un avec…

Mein Name ist Vali, ich bin dreizehn Jahre alt.
Wie alt bist du? 12.
Das ist Hannes, er ist 12.
Das ist Frau Sommer, sie ist …

Bausteine

… le verbe *sein* au présent singulier

ich bin
du bist
er ist
sie ist

Comme en anglais « be » et en français « être », le verbe „sein" est irrégulier.

Dire où l'on habite avec…

Ich wohne in Göttingen.
Wo wohnst du? In Göttingen.
Das ist Sebastian, er wohnt in Weißwasser.
Das ist Anna-Maria, sie wohnt auch in Weißwasser.

… le verbe *wohnen* au présent singulier

ich wohne
du wohnst
er wohnt
sie wohnt

Formuler une question avec…

Wer bist du?	Ich bin Annikas Freundin.
Wie heißt du?	Marlies.
Wie alt bist du?	13.
Wo wohnst du?	In Kirchheim.
Was kennst du schon?	Das kenne ich.

… les pronoms interrogatifs

Wer Wie Wie alt Wo Was	verbe	sujet	

Wir üben zusammen

1. *Wähle einen Vornamen (A), einen Namen (B), einen Wohnort (C) und ein Alter (D).*
2. *Partner A stellt Partner B Fragen – Partner B stellt Partner A Fragen.*
3. *Partner A stellt der Klasse Partner B vor, und Partner B stellt Partner A vor.*

A

Franziska
Stefanie
Hamida
Claudia
Leonie
Sabine

Thomas
Sven
Fabian
Murad
Axel
Andreas

B

Hartmann
Schuster
Neumann
Möller
Lutz
Argat

C

München
Hannover
Berlin
Köln
Hamburg
Frankfurt
Weimar

D

elf
zwölf
dreizehn
vierzehn
fünfzehn
sechzehn
siebzehn

Wortschatz

Wie ich heiße

der Name → Mein Name ist ...

„Guten Tag" sagen

Guten Tag!
Guten Morgen!
Hallo!
Hi!

Ich

Wo ich wohne

wohnen: Ich wohne in ...

Wie alt ich bin

das Alter → Ich bin 12.
Ich bin 12 Jahre alt.

Il existe trois genres en allemand :

der Lehrer = masculin
die Lehrerin = féminin
das Gymnasium = neutre

Meine Schule

die Klasse → Ich gehe in die Klasse 7b.
der Lehrer (-) → Mein Deutschlehrer heißt ...
die Lehrerin (nen) → Meine Klassenlehrerin heißt ...
das Gymnasium → Das Hainberg-Gymnasium in Göttingen ...

Zahlen / numbers

1 = eins	one
2 = zwei	two
3 = drei	three
4 = vier	four
5 = fünf	five
6 = sechs	six
7 = sieben	seven
8 = acht	eight
9 = neun	nine
10 = zehn	ten
11 = elf	eleven
12 = zwölf	twelve

13 = dreizehn	thirteen
14 = vierzehn	fourteen
15 = fünfzehn	fifteen
16 = sechzehn	sixteen
17 = siebzehn	seventeen
18 = achtzehn	eighteen
19 = neunzehn	nineteen
20 = zwanzig	twenty

Aussprache [aɪ] – [h]

In Hamburg heißen hundert Hunde Hasso.

Meine Seite

Du schreibst deine Seite für ein Freundschaftsbuch.

Du brauchst:

Infos über dich:

Wie du heißt (mit Vornamen und mit Familiennamen),
in welche Klasse du gehst,
wann du geboren bist,
*(vielleicht) deinen Spitznamen,**
wo du wohnst und
deine Telefonnummer.

* der Spitzname: *le surnom*

Mach jetzt ein Bild.

Und jetzt? Ein Buch für die Klasse!

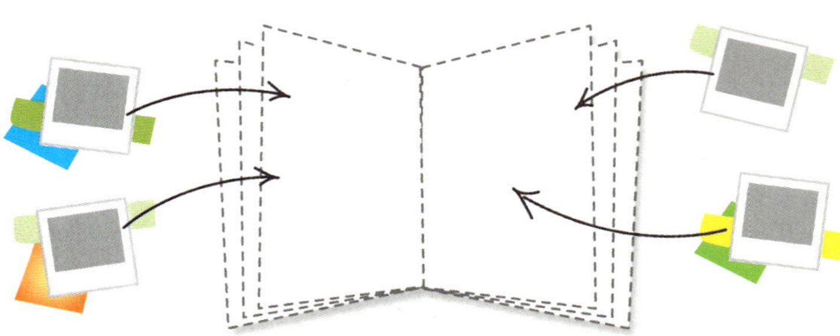

Volles Programm

Am Ende dieser Etappe schreibst du dein erstes deutsches Gedicht.

1. Sport oder Musik?

Hören +Sprechen [Monolog]

Schritt 1 *Hör zu: Was sind Marlies' und Valis Hobbys?*

Schritt 2 *Der Lehrer erklärt: Das alles kann man machen.* → Arbeitsheft S. 14

Sprechen [Dialog]

> Und jetzt... *Macht eine Umfrage in der Klasse: Welche Aktivitäten habt ihr?*

2. Hobbys? Na klar!

Sieh die Bilder an. Was spielen sie? → Arbeitsheft S. 15

3. Noch mehr Hobbys

Hör zu: Was machen Annemarie, Lukas und …? → Arbeitsheft S. 16

4. Eine aktive Woche

Hör zu: Wann haben die Freunde ihre Aktivitäten?
Am Montag, am Dienstag... → Arbeitsheft S. 16

\> Und jetzt... *Stellt den Wochenplan von der Klasse zusammen. Wer macht was wann?*

5. Meine Aktivitäten

Lesen +Sprechen [Monolog]

Schritt 1 *Lies einen Text und notiere die Informationen: Wer macht was wann?*

→ Arbeitsheft S. 18

Schritt 2 *Vergleiche mit deinem Partner.*

Schritt 3 *Stellt den Wochenplan der Freunde vor!*

A. Maxis Programm

Nach der Schule spiele ich jeden Tag Gitarre. Ich tanze auch zweimal in der Woche, am Dienstag- und am Freitagnachmittag.

Dann bin ich auch noch in der Schülerband. Da spiele ich am Montagabend um 18.00 Uhr.

B. Anna-Marias Hobby

Mein Hobby ist Geige spielen. Ich übe jeden Tag eine Stunde zu Hause, und am Mittwochnachmittag habe ich Geigenunterricht in der Musikschule. Am Freitagabend spiele ich im Orchester. Meine Schwester Jannika spielt Querflöte*. Meine Familie ist sehr musikalisch!

*die Querflöte: *la flûte traversière*

C. Olivers Aktivitäten

Ich bin sehr sportlich. Dreimal in der Woche spiele ich Fußball im Verein*: ich trainiere montags, mittwochs und freitags von 17.00 bis 19.00 Uhr. Am Sonntagmorgen habe ich oft ein Spiel. Ich fahre auch jeden Tag Rad und am Samstag gehe ich oft schwimmen.

*der Verein: *le club*

am Morgen:	8.00 - 12.00
am Mittag:	12.00 - 14.00
am Nachmittag:	14.00 - 18.00
am Abend:	18.00 - 22.00

Schreiben

> Und jetzt... *Mach deinen Wochenplan und schreib einen Text über deine Aktivitäten.*

→ Arbeitsheft S. 18

(Folge 1) Zwei Hannes sind in der Schule. Wer ist der richtige Hannes?

Ein Hannes zu viel
Folge 2

Leonie fragt: „Was machst du gern?"

„Ich spiele gerne Fußball."

„Wie oft trainierst du in der Woche?"

„Zweimal, dienstags und freitags von 16 bis 18 Uhr."

„Wie heißt dein Trainer?"

„Bastian Einsteiger."

„Bitte?"

„Bastian Einsteiger, der Mann mit den grauen Haaren. Er hat immer ein blaues Sweatshirt an."

„Okay. Was machst du sonst noch so?"

„Mittwochs bin ich bei meiner Oma zum Essen. Ich bleibe bis drei. Dann habe ich die Mathenachhilfe* bei dem Schüler mit den roten Haaren und der Brille. Der heißt… Andreas, oder?"

„Ist das alles?"

„Nein, donnerstags habe ich Klavierstunde bei Frau Klemperer in der Beethovenstraße."

*die Nachhilfe: *le cours particulier*

6. Hannes' Woche

Sprechen [Monolog]

Schritt 1 *Sieh Hannes' Wochenplan an. Was macht er?* → Arbeitsheft S. 20

Schritt 2 *Wann macht er das?* → Arbeitsheft S. 20

7. Noch eine Frage?

Lesen +Schreiben

Schritt 1 *Lies den Text auf Seite 20.*

Schritt 2 *Schreib einen neuen Wochenplan. Was stimmt nicht?* → Arbeitsheft S. 20

Sprechen [Dialog]

> Und jetzt... *Spielt die Szene.*

8. Tolle Programme

Lesen +Sprechen

Schritt 1 *Gruppe A liest den Text A, Gruppe B Text B.*

Schritt 2 *Jede Gruppe notiert die Informationen.* → Arbeitsheft S. 21

Schritt 3 *Die Gruppen präsentieren der Klasse das Angebot.*

A

Ferienkurse in Göttingen

Theater

für 5- bis 10-jährige
freitags von 11.00 bis 14.00 Uhr
für 11- bis 15-jährige
dienstags von 16.00 bis 20.00 Uhr
In diesem Kurs spielen wir Dialoge und improvisieren.

Sport, Spiel und Sprache

Spaß auf Englisch
für 6- bis 12-jährige
täglich von 8.00 bis 16.00 Uhr
Habt ihr Lust auf Englisch und auf Sport? Bei uns könnt ihr spielen, rennen, lachen – alles auf Englisch! Wir machen am Ende sogar „Olympic Games". Aber das ist noch „top secret".

Tischtennis

für 8- bis 12-jährige
montags bis freitags von 9.30 bis 12.30 Uhr
Tischtennis – auch Ping Pong – ist die Miniaturversion des normalen Tennis-Spiels. Man spielt Einzel, Doppel oder Mixed.

Music-Video-Streetdance

Tanzen zu Hip-Hop, Rap und Soul-Music
für 11- bis 17-jährige
montags, mittwochs und freitags von 10.00 bis 12.00 Uhr
Ihr hört gern die Songs von P-Diddy oder Kayne West und wollt tanzen und grooven?

Akrobatik, Artistik und Zirkusschule

für 8- bis 15-jährige
montags bis freitags von 10.00 bis 12.00 Uhr
In diesem Kurs lernst du neue Tricks.
Das Programm: Jonglieren, Einradfahren, Zaubertricks, Clownerie...

Basketball-Trainingscamp

für 9- bis 16-jährige
täglich von 9.00 bis 17.00 Uhr
Spielen wie die Profis: Das könnt ihr hier lernen!

B

Jugendhaus Göttingen

Im Jugendhaus „Göttingen" können Jungen und Mädchen vieles machen.

Das große Haus und der Park sind ideal für Frisbee- und Badmintonfans. Aber hier spielt man auch Billard, Darts und Monopoly. Und am Samstag tanzen die Jugendlichen* im Disco-Raum.

Auch Aktivitäten wie Kino, Schwimmen oder Bowling sind möglich.

Wir haben auch ein Internetcafé und organisieren Hausaufgabenhilfe. Das Internetcafé ist am Montag von 14 bis 17 Uhr geöffnet.

Öffnungszeiten

Montag:	14.00 - 21.00 Uhr
Dienstag:	14.00 - 18.00 Uhr
Mittwoch:	14.00 - 18.00 Uhr
Donnerstag:	14.00 - 21.00 Uhr
Freitag:	14.00 - 18.00 Uhr

*die Jugendlichen: *les adolescents*

Sprechen [Monolog] > Und jetzt... *Was machst du? Und wo? (beim Ferienprogramm, im Jugendhaus)*

Grammatik

Im Kontext

Parler de ses activités et de celles des autres avec…

Wir machen am Ende sogar „Olympic Games".
Ihr lernt die Techniken.
Am Samstag tanzen die Jugendlichen im Disco-Raum.

Bausteine

… un verbe faible au présent pluriel

wir …en
ihr …t
sie …en

Donnerstags habe ich Klavierstunde.
Wann hast du Fußballtraining?
Vali hat am Donnerstag Tischtennis.
Wir haben ein Internetcafé.
Wann habt ihr Training?
Marlies und Annika haben viele Hobbys.

… le verbe *haben* au présent

ich habe
du hast
er/sie hat
wir haben
ihr habt
sie haben

Dire comment sont les choses avec…

Das Haus und der Park sind ideal.

… le verbe *sein* au présent pluriel

sie sind

Donner une indication temporelle avec…

Am Mittwoch bin ich bei meiner Oma.
Um 14 Uhr hat Hannes Geige.
Die Jungen trainieren von 16 Uhr bis 18 Uhr.

… un complément de temps

am + jour
um + heure
von … bis + jour ou heure

sujet verbe complément
ou complément verbe sujet

Wir üben zusammen

Ein Kettenspiel: Partner 1 bildet einen Satz. Beispiel: Ich spiele am Montag Basketball. Und ihr? Partner 2 macht weiter: Wir…

A

Ich – du – Leon, Anna –
wir – ihr –
die Mädchen, die Jungen

B

am Montag,
am Dienstag…
um zwei Uhr,
um drei Uhr,
von halb drei bis fünf…

C

Basketball/Volleyball spielen
Gitarrenunterricht haben
trainieren
Tischtennis/Fußball spielen
Ballett machen
Theater spielen

Wortschatz

Meine Woche

Meine Hobbys

Sport

spielen → Ich spiele Fußball
Volleyball
Handball
Basketball
Tennis
Tischtennis

trainieren → Ich trainiere am Mittwoch.

Musik

die Gitarre (n)
das Saxofon (e)
das Klavier (e)
die Geige (n)
die Flöte (n)

spielen → Ich spiele Klavier, …
üben → Ich übe Gitarre, …
Ich übe jeden Tag.

Montag → am Montag
Dienstag
Mittwoch
Donnerstag
Freitag
Samstag
Sonntag

Mein Tag

der Morgen → am Morgen/morgens
der Mittag → am Mittag/mittags
der Abend → am Abend/abends

die Uhr → um … Uhr / von … bis … (Uhr)

Die Woche / the week	
Montag	monday
Dienstag	tuesday
Mittwoch	wednesday
Donnerstag	thursday
Freitag	friday
Samstag	saturday
Sonntag	sunday

Aussprache [a/ɛ] – [au/ɔy]

Ein lächelndes Lama läuft langsam.

Mein Gedicht

Du schreibst dein erstes deutsches Gedicht.

Hier ist ein Modell:

Das Elfchen (= 11 Wörter)

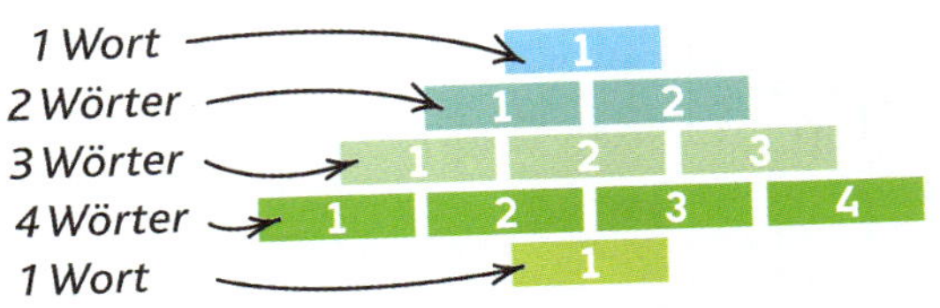

1 Fußball

1 Am 2 Sonntag

1 Ich 2 mache 3 Sport

1 Ich 2 bin 3 so 4 froh

1 TOR!

Vielleicht hast du andere Ideen?

Denk an:

die Wochentage: Dienstag, Freitag, Sonntag, Montag, Donnerstag, Mittwoch, Samstag

die Farben

die Hobbys…

Ein Foto oder eine Zeichnung?

Tops und Flops

Am Ende dieser Etappe machst du dein Porträt.

1. Ich mag... Ich mag nicht...

Lesen +Sprechen [Monolog]

Lies die Sätze. Was ist ‚Top', was ist ‚Flop'?

→ Arbeitsheft S. 26

A Ich mag nicht Mathe und Spinnen.

B - Ich mag Sport, Musik und Kunst*.

C - Ich mag nicht Mathe und Englisch!

D Ich mag meine Familie.

E Ich mag Handball und Musik hören.

F Ich mag meine Freunde

*die Kunst: *(ici) les arts plastiques*

Sprechen [Monolog]

> Und jetzt... *Erzähle: Was magst du, was magst du nicht?*

– Hobbys
– Musik
– Sport

2. Fan, oder nicht?

Hören +Sprechen [Monolog]

Schritt 1 *Hör die Interviews an. Wer spricht von Sport, Musik, Schule...?* → Arbeitsheft S. 26

Schritt 2 *Was mögen die Schüler aus Weißwasser? Was mögen sie nicht?* → Arbeitsheft S.26

3. Mein Universum

Lesen +Sprechen [Dialog]

Schritt 1 *Lies die E-Mails von Vali, Annemarie und Marlies. Was mögen sie?* → Arbeitsheft S. 28

Schritt 2 *Sieh dir mit deinem Partner die Fotos an. Welche Fotos gehören zusammen? Wer wohnt wo?* → Arbeitsheft S. 29

Schritt 3 *Vergleicht in der Klasse.*

Ich mag Musik (ich spiele ja auch Gitarre und Saxofon). Aber ich zeichne* auch ganz gerne ab und zu. Ich mag auch gerne Poster von Musikgruppen, zum Beispiel ‚The Who'. Meine Lieblingsfarbe ist Blau. Rot mag ich gar nicht. Ich habe bestimmt nichts Rotes in meinem Zimmer.

Vali

*zeichnen: *dessiner*

Ich mag am liebsten alles, was mit dem Reiten zu tun hat – Poster mit Pferden und so. Ich zeichne gerne und dann auch meistens Pferde. (Mein Modell ist Prinz Paro, mein Pferd.) Mein Zimmer ist sehr schön.

Annemarie

Ich bin Musikfan und habe einige Bücher über berühmte Bands. Ich zeichne und bastle gern. Meine Lieblingsfarbe? Rosa!

Marlies

Sprechen [Monolog]

> Und jetzt… *Sprich über dein Universum:*

- Farben
- Essen/Trinken
- Musik
- Sport
- Spiele
- Freunde & Familie
- Lesen
- Schule

(Folge 2) Hannes hat ein Problem. Er spricht über seine Aktivitäten. Aber vieles stimmt nicht.

Ein Hannes zu viel

Folge 3

Teil 1

„Ich möchte nach Hause! Ich mag mein Zimmer. Ich mag im Bett liegen, auf der grünen Decke, und mein Fußballposter angucken. Ich mag auch meine Papierlampe. Ich mag auf dem roten Teppich* liegen und lesen. Ich mag den Goldfisch im Glas angucken. Ich mag die Weltkarte an der Wand. Ich möchte heim!"

Teil 2

Im Telefon ist Stille. Dann spricht Leonie. „Hannes, dein Zimmer ist nicht so. Du bist nicht Hannes. Hannes mag Fußball nicht, er mag Volleyball. Er hat kein Fußballposter. Und Hannes hat keinen roten Teppich in seinem Zimmer. Er mag keine Fische. Er hat einen Hamster. Die Decke auf dem Bett von Hannes ist blau und weiß. Du bist nicht Hannes."
„Doch!"

*der Teppich: *le tapis*

4. In Hannes' Zimmer

Lesen +Sprechen [Monolog]

Schritt 1 *Lies den Text, Teil 1. Was mag Hannes?* → Arbeitsheft S. 29

Schritt 2 *Lies den Text, Teil 2.*
Leonie beschreibt Hannes' Zimmer. Zeichne es. → Arbeitsheft S. 30

Schritt 3 *Sieh dir dein Bild und das Bild im Buch auf Seite 30 an. Was ist anders?*

Sprechen [Dialog]

> Und jetzt... *Spielt die Szene.*

5. Was mögen junge Leute?

Lesen +Sprechen [Dialog]

Schritt 1 *Bildet 4 Gruppen. Jeder Schüler liest eine Umfrage und macht sich Notizen.*

→ Arbeitsheft S. 31

Schritt 2 *Ein Schüler liest laut die E-Mails vor. Welche Gruppe hat die Antwort? Jede Gruppe gibt Informationen an die Klasse.*

1

Was machen Jugendliche in ihrer Freizeit?

1. Mit Freunden sprechen
2. Fernsehen[1]
3. DVDs ansehen
4. Musik hören
5. Am Computer spielen
6. Ins Kino gehen[2]
7. Im Internet surfen
8. Chatten
9. Sport treiben
10. Shoppen gehen

1. fernsehen: *regarder la télévision*
2. ins Kino gehen: *aller au cinéma*

2

Was essen und trinken sie gerne?

1 Pizza ♥♥♥♥
2 Schokolade, Bonbons... ♥♥♥
3 Hamburger mit Pommes ♥♥♥
4 Würstchen ♥♥
5 Chips ♥

1 Cola ♥♥♥♥
2 Limo (Fanta, Sprite) ♥♥♥
3 Orangensaft, Apfelsaft ♥♥♥
4 Eistee ♥♥
5 Wasser ♥

3

Ihre Lieblingsfächer

Sport
Kunst[1]
Geschichte[2]
Mathematik
Englisch
Geografie
Deutsch

1. Kunst: *les arts plastiques*
2. Geschichte: *l'histoire*

4

Ihre Lieblingsklamotten

für die Jungen

1. Jeans
2. Baggy-Hosen
3. Sportschuhe
4. lange T-Shirts

für die Mädchen

1. Jeans
2. Slim-Hosen
3. hohe Stiefel[1]
4. kurze Röcke[2]

1. die Stiefel: *les bottes*
2. die Röcke: *les jupes*

Datei Bearbeiten Ansicht Chronik Lesezeichen Extras Hilfe

www.teensforum.de

Hilfe! Ich habe ein Problem. Baggyhosen mit langen T-Shirts mag ich überhaupt nicht. Aber in der Schule ist das immer noch in. Was tragen[1] die Jungen in Deutschland gerne?
Nicolas aus Bordeaux

Hallo! Meine Frage ist: Was machen Jugendliche so in ihrer Freizeit? Ich treffe oft meine Freundinnen. Manchmal gehen wir ins Kino, oder wir gehen shoppen. Das finden wir toll. Wir chatten auch oft im Internet nach der Schule. Wie ist das bei anderen?
Alicia aus Madrid

Hi, ich habe eine Frage: Alle sagen, Hamburger sind out. Stimmt das? Ich esse gerne Hamburger mit Pommes. Was essen die Jugendlichen gern?
Nils aus Kopenhagen

Hallo! Meine Freundin sagt, ich bin voll out. Meine Lieblingsfächer sind nämlich Physik und Chemie. Und auch Mathe. Was mögen die anderen[2]?
Mara aus Berlin

Hallo! Hohe Stiefel finde ich schick. Meine Mutter findet das nicht so gut. Was kann ich machen? Was tragen andere Mädchen?
Tina aus Zürich

1. tragen: *porter*
2. die anderen: *les autres*

Sprechen [Dialog] > **Und jetzt...** *Macht eine Umfrage in der Klasse über die vier Themen und kommentiert das Resultat.*

Grammatik

Im Kontext

Dire ce que l'on aime avec…

Ich **mag** Musik.
Magst du Pizza?
Annemarie **mag** Reiten.
Das **mögen** wir echt gern!
Mögt ihr Rosa auch gern?
Was **mögen** sie nicht?

Dire ce que l'on a avec…

Er hat **einen** Hamster.
Ich habe **ein** Problem.
Ich hab' da **eine** Frage.

Dire ce que l'on n'a pas ou ce que l'on n'aime pas avec…

Er hat **keinen** roten Teppich.
Er hat **kein** Fußballposter.
Ich habe **keine** gelbe Hose.
Sie mag **keine** Spinnen.

Parler de ce qui nous appartient avec…

Mein Zimmer ist sehr schön.
Wie alt ist **deine** Katze?
Hannes hat einen Hamster. **Sein** Hamster heißt Hami.
Annemarie hat ein Pferd. **Ihr** Pferd heißt Prinz Paro.

Bausteine

… le verbe de modalité *mögen* au présent

ich	mag
du	magst
er/sie	mag
wir	mögen
ihr	mögt
sie	mögen

… l'article indéfini à l'accusatif

masculin	neutre	féminin
einen…	**ein**…	**eine**…

… *kein-* à l'accusatif

masculin	neutre	féminin	pluriel
keinen…	**kein**…	**keine**…	**keine**…

… un déterminant possessif singulier

mein-	<	ich
dein-	<	du
sein-	<	er
ihr-	<	sie

Wir üben zusammen ● + ●●●●●

1. Wähle einen der vier Namen.
2. Sag, was „du" magst und was nicht.
3. Die anderen sagen, wer „du" bist.

	Marion	Florian	Johanna	Max
Cola	☺	☹	☺	☺
Müesli	☺	☹	☺	☹
Apfelsaft	☹	☺	☹	☺
Goldfische	☺	☺	☹	☹

Wortschatz

Was ich mag

Lieblingsfächer

Sport
Kunst
Musik
Geschichte
Geografie
Physik
Mathematik

Lieblingsaktivitäten

mit Freunden sprechen
shoppen gehen
fern/sehen
DVDs an/sehen
im Internet surfen
chatten
Musik hören
am Computer spielen
ins Kino gehen
Mangas lesen
zeichnen
basteln

Lieblingsklamotten

der Pullover (-)
der Rock (¨e)
der Sportschuh (e)
der Stiefel (-)
die Hose (n)
das T-Shirt (s)
das Sweatshirt (s)
die Jeans (pl.)
die Sneaker (pl.)

Lieblingsgetränke

der Eistee
der Apfelsaft (¨e)
der Orangensaft (¨e)
das Mineralwasser
die Cola
die Limonade
die Milch

Lieblingsessen

der Reis (-)
der Milchreis (-)
der Fisch (e)
der Käse
der Spinat
das Fleisch
das Brot (e)
die Wurst (¨e)
die Pizza
die Spaghetti (pl.)
die Nudeln (pl.)
die Tomatensauce
die Schokolade

Aussprache [ɔ/o] – [a/aː] – [ɪ/i]

Torte und Tomate, Apfel und Banane,
Milch und Spinat – das ist, was ich mag!

Essen & Trinken / eating & drinking

die Schokolade	the chocolate
der Reis	the rice
der Fisch	the fish
das Brot	the bread
die Pizza	the pizza
der Spinat	the spinach
der Apfel	the apple
die Karotte	the carrot
die Banane	the banana
die Orange	the orange
der Kaffee	the coffee
der Tee	the tea
die Milch	the milk

Mein Porträt

Du machst ein Porträt von dir.

Was magst du? Was magst du nicht?

Du brauchst:

Du kannst:

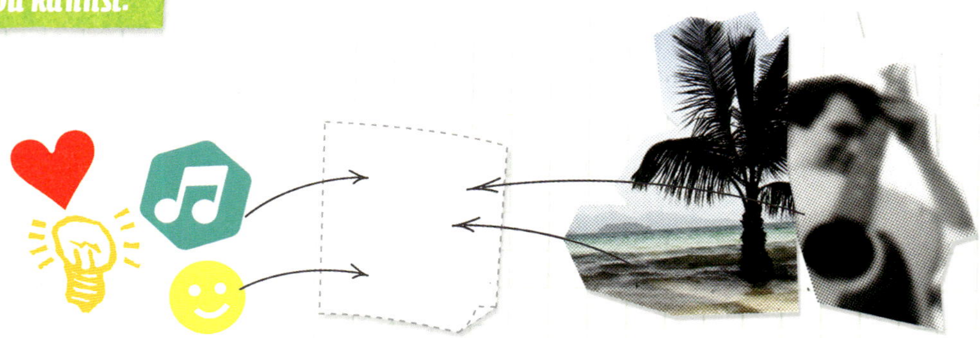

Fotos suchen, oder Dinge aufkleben, oder Symbole benutzen...*

Erfinde auch einen Titel...

* benutzen: *utiliser*

Und jetzt? Ein Poster für die Klasse!

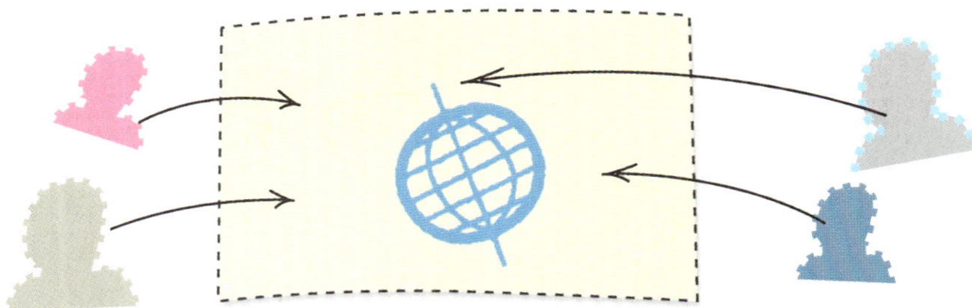

MEINE BILANZ & STRATEGIEN

Je peux comprendre quand on me salue.

Je peux comprendre des questions sur mon nom, mon âge, ma classe, l'endroit où j'habite.

Je peux comprendre des questions sur mes goûts et mes loisirs.

Je peux comprendre quand quelqu'un se présente, parle de ses activités, de ses goûts de manière simple.

Je peux comprendre des consignes et des instructions simples.

Je peux comprendre des mots, des expressions et des phrases simples dans des textes courts, des prospectus…

Je peux comprendre des messages simples, par exemple un courriel d'un correspondant.

Je peux saluer et prendre congé.

Je peux répondre à des questions simples sur moi-même et sur d'autres personnes.

Je peux poser des questions simples à quelqu'un.

Je peux me présenter en indiquant mon nom, mon âge, ma classe, l'endroit où j'habite.

Je peux parler de mes activités et de mes goûts.

Je peux copier des mots et des expressions sans erreur.

Je peux remplir un formulaire avec mon nom, mon âge, mon adresse.

Je peux écrire des textes très simples pour parler de moi.

STRATEGIEN

Pour faire des progrès en compréhension de l'oral :

à l'école

- Sois attentif et concentre-toi.
- Lis attentivement les consignes du manuel avant l'écoute d'un document.
- Aide-toi des illustrations du manuel.
- Sois attentif aux bruits que tu peux parfois entendre, ils peuvent te donner des indices.
- Repère le nombre de personnes qui parlent et s'il s'agit de garçons ou de filles, d'hommes ou de femmes.
- Repère les intonations des personnes qui parlent (question, ordre…).
- Repère les mots connus qui t'aideront à comprendre le message.

à la maison

- Utilise régulièrement le CD du manuel pour :
  - réécouter les enregistrements entendus en classe ;
  - faire les entraînements proposés dans le cahier d'activités.

- Regarde des DVD en version allemande.
- Regarde des programmes de télévision en allemand si tu en as la possibilité.
- Écoute des émissions sur Internet.
- Écoute des groupes de musique qui chantent en allemand.

1. Écoute les consignes et indique à quels pictogrammes elles correspondent.

→ Arbeitsheft S. 37

2. Écoute et repère quand tu entends des expressions pour dire bonjour ou au revoir. → Arbeitsheft S. 37

3. Écoute et réponds aux questions qui te sont posées. → Arbeitsheft S. 37

4. Écoute et repère pour chaque interview les informations demandées. → Arbeitsheft S. 37

5. Écoute l'interview et dis si tu as entendu les informations demandées. → Arbeitsheft S. 38

6. Observe l'affiche présentée ci-dessous et relève les informations suivantes : activité, participants, lieu, date et horaire. → Arbeitsheft S. 38

7. Lis le courriel et repère les informations importantes. → Arbeitsheft S. 38

Hallo,
ich heiße Johanna Krüger. Ich bin 13 Jahre alt und wohne in Göttingen. Ich gehe auf das Hainberg-Gymnasium in die achte Klasse. Meine Hobbys sind Reiten und Flöte spielen. Ich mag auch Tischtennis spielen. Ich bin ein Fan von LaFee.

Johanna

Sprechen [Dialog]

8. À l'aide des fiches d'identité ci-dessous, joue un dialogue avec un camarade. Vous vous saluez, vous vous présentez et vous posez des questions, puis vous prenez congé.

Meier Sabrina 12 Kassel 7c Gitarre (Dienstag, 17.00 Uhr) zeichnen und lesen	Lutz Fabian 13 Bonn 8b Fußball (Montag, 16.00 Uhr) und Badminton (Samstagnachmittag)

Sprechen [Monolog]

9. Présente-toi à l'aide des éléments suivants.

nom prénom âge adresse	école classe	hobbies activités

Schreiben

10. Écris un courriel pour te présenter. → Arbeitsheft S. 38

Einheit 2

Synagoge
Gewerk-schaftshaus
Obere-Masch-Str.
Am Leinekanal
Mühlenstr.
Stumpfebiel
Allee
Michaelishaus
Prinzen-
Univ. Bibliothek Stadtbibliothek
Papendiek
Pauliner str.
Johannis
Alte-Wollen-weber-Weg
Miau
Miau
C. AHRENS
Burmeister/Weber
ENGEL
Das hier ist meine Freundin.
Ich habe viele Fische.

Freunde, Familie und Co.

Projekte

Etappe 4 **Tiergeschichten** .... Ein Tierlexikon

Etappe 5 **Bei uns zu Hause** .... Eine Bildgeschichte

Etappe 6 **Meine Clique, meine Freunde** .... Ein Geschichtenpuzzle

LERNZIELE

Comprendre des mots familiers et des expressions très courantes au sujet de soi-même, de sa famille et de son environnement concret et immédiat, si les gens parlent lentement et distinctement.

Comprendre un dialogue simple.

Comprendre une information précise dans un prospectus ou un dépliant publicitaire.

Comprendre le contenu d'un texte simple en s'aidant des illustrations.

Poser des questions simples sur des sujets familiers et répondre à de telles questions.

Échanger des avis.

Décrire un animal.

Présenter l'endroit où l'on habite.

Décrire sa famille, ses amis, son animal favori dans une lettre ou un courriel.

Réaliser une affiche.

Ganz spontan

Meine Welt…

Tiergeschichten

Am Ende dieser Etappe schreibst du ein Tierlexikon.

1. Schlechte Fotos!

Sprechen [Monolog]

Sieh dir die Bilder an. Welche Tiere sind das?

→ Arbeitsheft S. 39

1

2

3

4

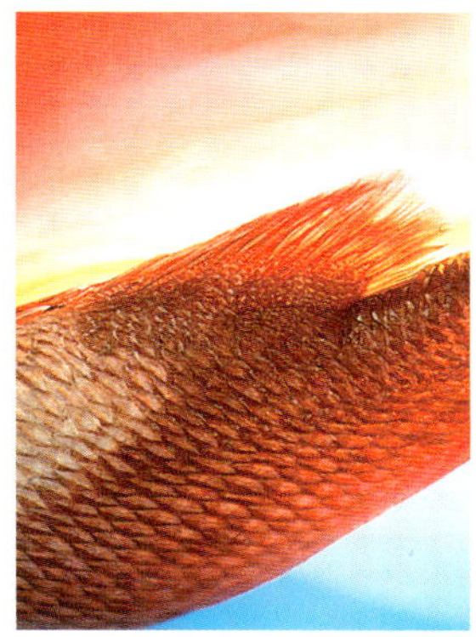

5

6

7

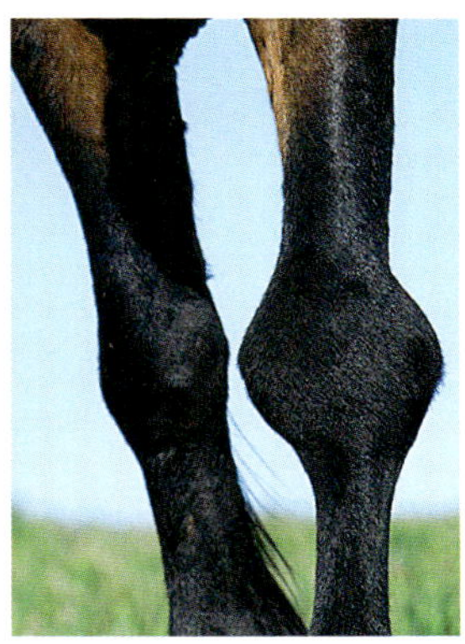

8

Sprechen [Dialog]

> Und jetzt... *Macht eine Umfrage in der Klasse: Wer hat ein Haustier?*

Hund = ~~IIII~~I
Katze = II
Kaninchen =
Hamster =
Goldfische =
Maus =

2. Alle unsere Tiere

Hören +Sprechen [Monolog]

Schritt 1 *Sieh dir die Fotos an. Wer hat welches Tier?*

Schritt 2 *Hör zu: Was erzählen die Göttinger über ihre Tiere?*

→ Arbeitsheft S. 41

Sprechen [Dialog]

> Und jetzt... *Macht ein Rätsel: Welches Tier ist das?*

Beispiel: Es ist grau und klein und kann sehr schnell laufen...
– Aussehen (Farbe, Größe...)
– Aktivität

3. Mein Haustier

Lesen +Schreiben

Lies die Texte. Was schreiben Maxi, Anna-Maria und Sebastian über ihre Tiere? Notiere die Informationen.

→ Arbeitsheft S. 42

Tierart — Name — Alter — Aussehen — Futter

Ich habe einen Hamster. Er heißt Lotti und ist graubraun und sehr klein. Lotti ist jetzt ein Jahr alt. Er frisst[1] Karotten, Salat und Käse. Er trinkt Wasser. Lotti lebt in einem großen Käfig[2]. Ich mag meinen Hamster, er ist sehr lieb.

Maxi

Lotti im Stroh[3]

1. er frisst – fressen: *manger (pour un animal)*
2. der Käfig: *la cage*
3. das Stroh: *la paille*

Meine Kessy

Wir haben eine Hündin. Sie heißt Kessy. Sie ist 3 Jahre alt. Sie ist hellbraun und nicht so groß. Sie frisst gern Fleisch[4] und Reis[5]. Ich spiele gern mit Kessy im Garten. Meine Hündin ist auch oft in meinem Zimmer. Sie schläft gern auf meinem Bett. Sie ist so lieb!

Anna-Maria

4. das Fleisch: *la viande*
5. der Reis: *le riz*

Ich habe drei Katzen, Leo, Lilly und Katinka. Sie leben draußen im Garten. Eine Katze ist schwarz mit weißen Pfoten[6], zwei sind getigert, also braun, orange und hellbraun. Meine Katzen sind 9 Jahre alt. Sie fressen Katzenfutter und trinken Wasser. Ich spiele gern mit meinen Katzen. Ich finde, sie sind süß und schön weich.

Sebastian

Meine Katzen als Babys

6. die Pfoten: *les pattes*

Schreiben

> Und jetzt... *Schreib einen Text über (d)ein Lieblingstier.*

- Name
- Tierart, Rasse
- Alter
- Aussehen
- Aktivität(en)

(Folge 3) Hannes weiß nicht mehr, was er macht und wie sein Zimmer aussieht. Was soll er tun?

Ein Hannes zu viel
Folge 4

A

Wohin? In den Zoo?! Hannes kauft eine Karte[1]. „Das macht 6 Euro.", sagt die Frau an der Kasse. Es ist Mitte November und kalt, und er ist allein[2]. Hannes geht zur Eisbärinsel. Ein Bär sitzt auch allein da. Ach nein! Ein Baby sitzt hinter ihm. Dann geht es zu den Elefanten. Sie kommen ganz nah. „Hallo!", sagt Hannes. Links – die Giraffen. „Mann! Sind die groß!" „Ach, da ist das Affenhaus. Da ist es immer warm." Das stimmt: Bei den Schimpansen ist es schön warm. Hannes setzt sich auf eine Bank. Müde[3]. Er ist einfach nur noch sehr, sehr müde. Und so schläft er ein. Es ist 18 Uhr...

1. die Karte: *le ticket d'entrée*
2. allein: *seul*
3. müde: *fatigué*

B

Wotan rennt auf seinen dicken Pfoten aus dem Haus. Er läuft und läuft. Aber wo kann Hannes sein? Wo?
An einer roten Ampel bremst[1] der große Hund. Wohnt hier nicht Leonie, die Freundin von Hannes? Ist hier keiner zu Hause?
18 Uhr. Leonies Mutter kommt nach Hause, vor ihrer Tür liegt Wotan. Leonie kommt an die Tür. „Mama, das ist bloß Wotan." „Wer ist Wotan, um Himmels willen?" „Der Hund von Hannes. Wotan, was machst du denn hier?" Wotan sieht Leonie an und Leonie versteht[2]. „Wotan, was weißt du? Komm rein, Wotan.", sagt sie.

1. bremsen: *freiner*
2. verstehen: *comprendre*

4. Was soll Hannes tun? (Text A)

Lesen +Sprechen [Monolog]

Schritt 1 *Lies Text A und finde Hannes' Weg auf dem Plan.* → Arbeitsheft S. 43

Schritt 2 *Finde für die Tiere auf seinem Weg den passenden Satz im Text.* → Arbeitsheft S. 43

5. Wo kann Hannes sein? (Text B)

Lesen +Sprechen [Dialog]

Schritt 1 *Lies Text B. Was denkt Wotan?* → Arbeitsheft S. 44

Schritt 2 *Erfindet zu zweit einen Dialog zwischen Leonie und Wotan.* → Arbeitsheft S. 44

Sprechen [Dialog]

> Und jetzt... *Spielt die Szene.*

6. Im Zoo

Lesen+ Sprechen [Monolog]

Schritt 1 *Gruppe A liest Broschüre A und notiert die Informationen: Eintrittspreise, Öffnungszeiten, Tiere.*
Gruppe B liest Broschüre B und notiert die Informationen: Name, Alter, Eltern, Leben. → Arbeitsheft S. 45

Schritt 2 *Jede Gruppe bereitet eine Präsentation vor.*

Schritt 3 *Die Gruppen stellen die Informationen vor.*

A

Öffnungszeiten: Montag bis Sonntag
9 Uhr 30 bis 18 Uhr

Eintrittspreise	Zoo	Zoo & Aquarium
Erwachsene	12,00 €	18,00 €
Studenten, Schüler ab 16 (mit Schülerausweis)	9,00 €	14,00 €
Kinder - 5 bis 15 Jahre	6,00 €	9,00 €

Tages-Familientickets	Zoo	Zoo & Aquarium
Kleines Familienticket (1 Erwachsener und 3 Kinder bis 15 Jahre)	20,00 €	30,00 €
Großes Familienticket (2 Erwachsene und 3 Kinder bis 15 Jahre)	32,00 €	45,00 €

Zoo Aquarium
Schlafen Fische? Machen Spinnen die Augen zu? Das und mehr kann man hier im Aquarium lernen!

Zoo Berlin
Hier spielen kleine Elefanten und viele andere Tiere!

B

Der kleine Eisbär Knut

Steckbrief von Knut

Alles über den kleinen Eisbären aus dem Berliner Zoo.

Name: Knut
Art: Eisbär
Geboren am: 5.12.2006
Geburtsort: Berlin
Mutter: Tosca, 20
Vater: Lars, 15 Jahre alt
Zuhause: Zoo Berlin
Tierpfleger: Thomas Dörflein
Nahrung: In den ersten Wochen: Spezial-Milch. Mit knapp zwei Monaten: Fleisch.
Gewicht: 32 kg (12.06.2007)
Eigenes Blog: Seit dem 06.03.2007 täglich aktuell bei http://blog.rbb-online.de/roller/knut/.

Knut feiert Geburtstag[1].

Am 5. Dezember 2007 wird Knut ein Jahr alt. Er feiert diesen speziellen Tag mit einer großen Torte. Kinder unter 15 Jahren gehen an diesem Tag gratis in den Zoo. So können sie Knut zum Geburtstag gratulieren[2].

Und das Geschenk[3]?
Vielleicht hat Knut bald einen kleinen Spielkameraden? Denn die Eisbärdamen Nancy, Katjuscha und Knuts Mama Tosca bekommen alle Babys…

1. der Geburtstag: *l'anniversaire* - 2. zum Geburtstag gratulieren: *souhaiter un bon anniversaire* - 3. das Geschenk: *le cadeau*

7. Noch Fragen?

Hören +Sprechen [Dialog]

Schritt 1 *Hör das Interview mit Knuts Tierpfleger Thomas Dörflein an. Notiere die Informationen.* → Arbeitsheft S. 45

Schritt 2 *Vergleicht in der Gruppe die Informationen mit dem Text. Was ist neu?*

Schreiben

> Und jetzt… *Schreib einen Artikel für die Schülerzeitung.* → Arbeitsheft S. 46

Grammatik

Im Kontext

Dire ce que l'on est capable de faire avec...

Um neun kann ich nicht kommen!
Kannst du schwimmen?
Wo kann Hannes sein?

Bausteine

... le verbe de modalité *können* au présent

ich	kann
du	kannst
er/sie	kann
wir	können
ihr	könnt
sie	können

Parler de ses activités ou de celles d'autrui avec...

Ich fahre oft Rad.
Fährst du auch Rad?
Die Katze schläft.

Schlafen Fische?

... un verbe fort en *-a*

ich	fahre
du	fährst
er/sie	fährt
wir	fahren
ihr	fahrt
sie	fahren

Décrire une personne, un animal ou un objet avec...

Sie ist so lieb.
Sie sind süß und schön weich.

... l'adjectif attribut

Contrairement au français et comme en anglais, l'adjectif attribut est invariable.

Wir üben zusammen

Bilde Sätze. Beispiel: Tom hat eine Katze. Sie ist alt. Sie schläft gern auf dem Bett.

ich – wir – du – ihr – er – sie – die Kinder	haben / einen, ein, eine	Hund – Katze – Vogel – Mäuse – Pferd – Hamster – Kaninchen	alt, süß, jung, groß, klein, weich, lieb	leben, schlafen, spielen	im Garten, auf dem Bett, auf dem Sofa, im Käfig, in der Küche

mit System

Wortschatz

Tiere

Haustiere

der Hamster (-)
der Hund (e)
der Fisch (e)
der Vogel (¨)
das Pferd (e)
das Schwein (e)
das Kaninchen
die Katze (n)
die Kuh (¨e)
die Maus (¨e)

Was man macht

füttern → Ich füttere die Katze dreimal am Tag.
streicheln → Ich streichle gern meinen Hund.
spazieren gehen → Wir gehen mit dem Hund spazieren.

Was sie machen

fliegen
fressen
rennen
singen
springen
laufen

Wilde Tiere

der Affe (n)
der Bär (en)
der Elefant (en)
der Tiger (-)
der Jaguar (e)
der Löwe (n)
der Leopard (en)
das Dromedar (e)
das Zebra (s)
das Krokodil (e)
das Känguru (s)
die Antilope (n)
die Giraffe (n)
die Gazelle (n)

Wie sie sind

süß
lieb
lustig
niedlich
eklig
gefährlich

Körperteile

der Kopf (¨e)
der Schwanz (¨e)
das Auge (n)
das Ohr (en)
das Bein (e)
die Nase (n)
die Pfote (n)

Tiere / animals

der Bär	the bear
der Elefant	the elephant
der Tiger	the tiger
das Krokodil	the crocodile
die Giraffe	the girafe
das Känguru	the kangourou
die Kuh	the cow
der Fisch	the fish
die Katze	the cat

Aussprache [ʃp] – [ʃt]

Spielende Spinnen sind nicht unbedingt zu streicheln!

Ein Tierlexikon

Du schreibst einen Artikel über ein Tier.

Du...

... suchst dir ein Tier aus.
... suchst im Lexikon oder im Internet nach Informationen.
... schreibst auf:
- Wo es lebt,
- was es frisst,
- was es kann,
- was es mag.

... schreibst einen kleinen Artikel.
... klebst ein Bild dazu.

Und jetzt? Ein Tierlexikon für die Klasse!

Bei uns zu Hause

Am Ende dieser Etappe schreibst du den Dialog einer Bildgeschichte.

1. Familienfotos

Sprechen [Dialog] +Hören

Schritt 1 *Kommentiert Marlies' Familienalbum.*

Schritt 2 *Hör zu: Was sagt Marlies über ihre Familie?* → Arbeitsheft S. 49

Sprechen [Monolog]

> Und jetzt... *Stell den anderen ein Familienfoto vor.* → Arbeitsheft S. 49

2. Zu Hause

Lesen +Sprechen [Monolog]

Lies die Texte und suche nach Informationen:
– Familienmitglieder (Eltern, Geschwister…)*
– Wohnung oder Haus?

→ Arbeitsheft S. 50

* die Geschwister: *les frères et sœurs*

A

An:
Cc:
Objekt:

Ich wohne mit meinen Eltern und meinem Bruder in einem schönen Haus in der Nähe von Weißwasser. Mein Bruder heißt Andreas und er ist 20 Jahre alt. Sein Spitzname ist „Ando". Meine Oma und mein Onkel wohnen in Weißwasser.

Annekatrin

B

An
Cc:
Objekt:

Meine Mutter heißt Sylviana und arbeitet als Zahnarzthelferin*. Mein Vater heißt Frank. Er ist Mechaniker. Mein Vater hat noch eine Schwester. Wir wohnen in einem Haus mit Garten. Meine Eltern arbeiten gerne im Garten. Janika, meine Schwester, spielt gerne im Garten und liest viele Bücher. Mit ihr und meiner Cousine Cynthia gehen wir oft mit dem Hund spazieren.

Anna-Maria

* die Zahnarzthelferin: *l'assistante dentaire*

C

An:
Cc:
Objekt:

In meiner Familie gibt es 5 Personen. Ich habe eine Stiefschwester[1] Michelle, die 11 Jahre alt ist. Außerdem habe ich einen Bruder, er heißt Nick und ist 3 Jahre alt. Meine Mutti Catrin ist 36 Jahre alt. Sie arbeitet als Floristin. Mein Stiefvater Steffen ist 39 Jahre alt. Mein Vati Andreas ist 40 Jahre alt. Er ist Polizist. Er besucht mich sehr oft. Wir wohnen in einem großen Haus mit Garten.

Ich fahre oft zu meinen Großeltern, sie haben viel Zeit für mich. Meinem Opa Axel helfe[2] ich oft im Garten und meiner Oma Regina in der Küche.

Sebastian

1. die Stiefschwester: *la demi-sœur*
2. helfen: *aider*

3. Kommt rein!

Lesen +Sprechen [Monolog]

Schritt 1 *Sieh dir die Bilder an. Wer wohnt hier: Annekatrin, Anna-Maria oder Sebastian (Siehe Texte Seite 54)?*

Schritt 2 *Lies die kleinen Texte: Welche(r) Text(e) passt/passen zu welchem Foto? Was schreibt er/sie über das Haus und die Familie?*

→ Arbeitsheft S. 53

A

B

C

D

E

1
Das ist mein Haus. Es ist ganz modern. Hier wohne ich mit meiner Familie. Wir haben einen großen Garten.

2
Meine Mutter ist oft im Garten. Der Garten ist ihr Hobby.

3
Mein Vater ist gern in der Küche. Er kocht auch sehr gut!

4
Mein Zimmer finde ich schön, da bin ich gerne. Rot ist meine Lieblingsfarbe.

5
Aber ich bin auch sehr gerne im Wohnzimmer. Es ist hell und sehr gemütlich. Ich mag mein Haus!

Schreiben

> Und jetzt… *Schreib einen Text über deine Familie und dein Zuhause.*

→ Arbeitsheft S. 53

Zimmer?
Haus/Wohnung (alt/neu)?
Wer? Wie viele Personen?

Zuhause

Balkon?
Terrasse?
Garten?

(Folge 4) Wotan ist bei Leonie. Aber wo ist Hannes?

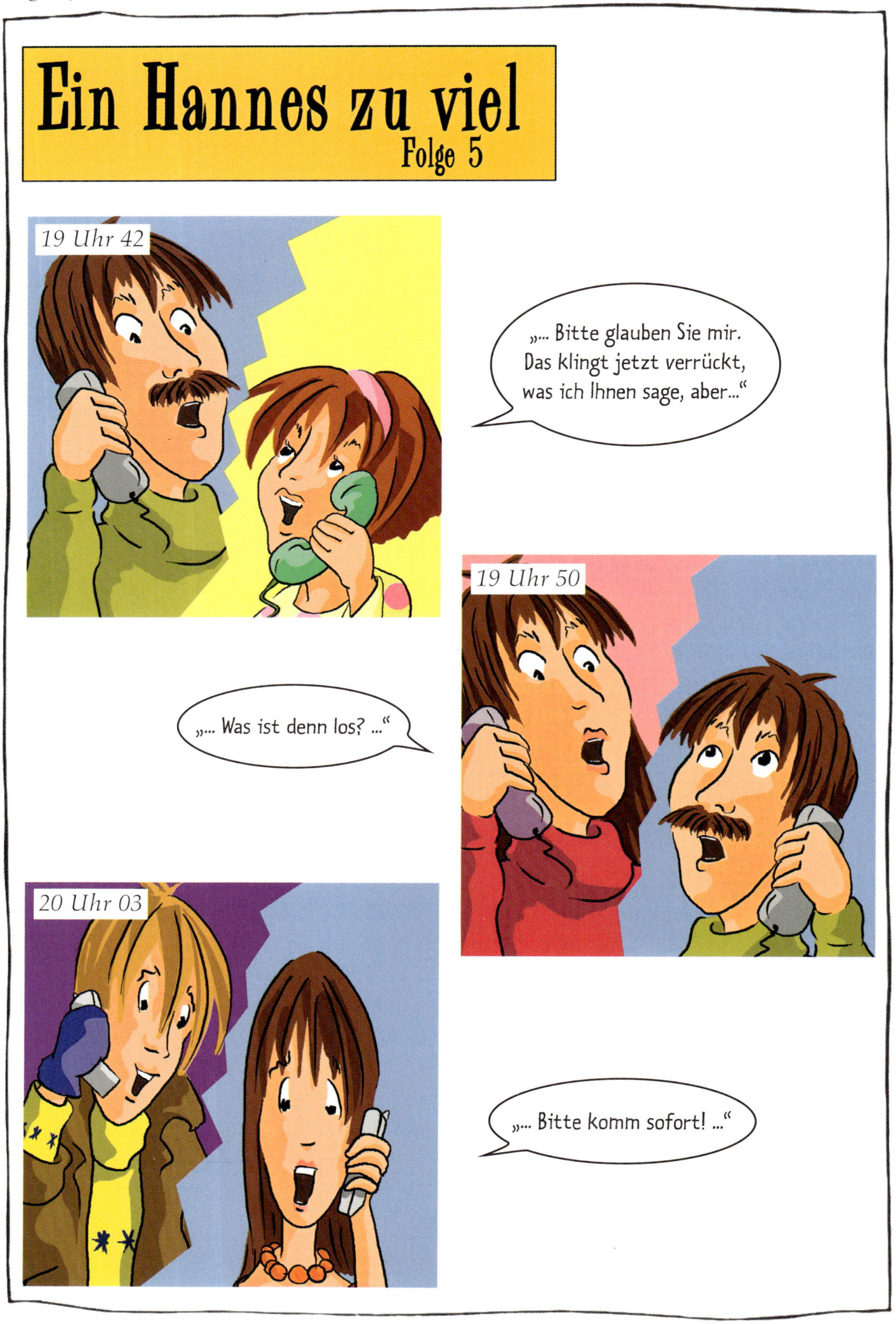

4. Am Telefon

Hören+ Sprechen [Monolog]

Schritt 1 *Hör zu: Wer telefoniert?* → Arbeitsheft S. 54

Schritt 2 *Suche dir eine Person aus Familie Kempmann oder Schuster aus. Wer ist sie in der Familie? (Sie ist die Tochter von … .)* → Arbeitsheft S. 55

Die Familien Kempmann und Schuster

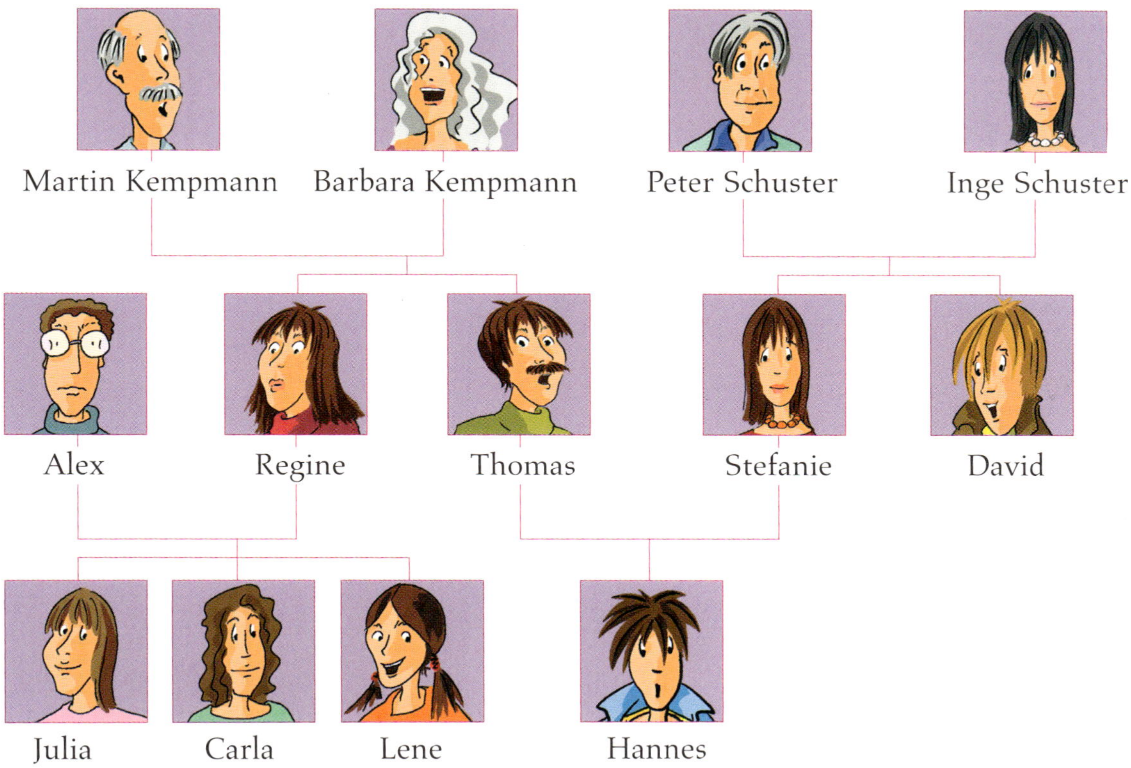

Sprechen [Dialog]

> Und jetzt… *Wählt zwei Personen und spielt einen Dialog am Telefon.*

5. So lebt man in Deutschland.

Lesen +Sprechen [Dialog]

Schritt 1 *Lies die vier Texte und schau die Fotos an. Welcher Text passt zu welchem Foto?* → Arbeitsheft S. 55

Schritt 2 *Gib jedem Foto einen Titel.* → Arbeitsheft S. 56

Schritt 3 *Was sagen die vier über ihr Zuhause? Alt oder modern, groß oder klein...?* → Arbeitsheft S. 56

Datei Bearbeiten Ansicht Chronik Lesezeichen Extras Hilfe

www.teensforum.de

Google Suche Lesezeichen PageRank Übersetzen Senden an Einstellungen

Web Bilder Maps News Shopping Mehr

Unser Haus ist ein Öko-Haus. Es ist sehr modern! Die Fenster sind groß, und es gibt viel Holz. Wir haben Solarzellen, also Sonnenkollektoren. Das spart[1] Energie. Und wir verwenden[2] auch das Regenwasser. Vor unserem Haus kann man super spielen, denn da ist ein sehr großer Garten! Ich lebe sehr gerne in diesem Haus.
Tarkan

Ich lebe mit meiner ganzen Familie hier in diesem alten Haus. Also nicht nur mit meinen Eltern. Bei uns wohnen auch meine Großeltern (die Eltern von Mama). Alle helfen mit, denn hier gibt es viel Arbeit: Wir haben vier Kühe, zwei Pferde, acht Schweine... Ein richtiger Bauernhof!
Imke

Wir haben viel Glück gehabt, sagt Papa. Wir haben hier in der Stadt eine tolle große Wohnung in einem alten Haus. Das ist sehr schön und für mich nur zehn Minuten von der Schule! Ich habe ein eigenes Zimmer, das ist 22 Quadratmeter groß. Echt klasse! Nur mit dem Parkett auf dem Boden muss ich immer aufpassen[3]. Das ist blöd!
Florian

Wir wohnen seit sechs Monaten hier in diesem Reihenhaus. Ein Haus nur für uns, das ist toll! Rechts und links gibt es Nachbarn[4]. Die sind auch alle sehr nett. Und man hat immer jemanden zum Spielen und ist nie allein.
Mir gefällt es hier. Nur unser Garten ist ziemlich klein. Aber die Straße vor dem Haus ist eine Spielstraße. Da fahren die Autos ganz langsam[5].
Justus

1. sparen: *économiser*
2. verwenden: *utiliser*
3. aufpassen: *faire attention*
4. der Nachbar (n, n): *le voisin*
5. langsam: *(ici) lentement*

A

B

C

D

Sprechen [Monolog]

> Und jetzt… *Zeichne dein Traumhaus und stell es deinem Partner vor.*

→ Arbeitsheft S. 56

Grammatik

Im Kontext

Dire avec qui on fait quelque chose avec...

Zusammen gehen wir mit dem Hund spazieren.
Ich spiele mit dem Baby.
Hannes' Vater telefoniert mit seiner Schwester.
Ich wohne mit meinen Eltern in einem großen Haus.

Dire où on est avec...

Anna-Marias Eltern sind oft im Garten.
Anna-Marias Vater ist in der Küche.
Wir wohnen in Weißwasser.
So lebt man in Deutschland.

Indiquer la cause avec...

Vor unserem Haus kann man super spielen, denn da ist ein sehr großer Garten.
Alle helfen mit, denn hier gibt es viel Arbeit.

Bausteine

... la préposition *mit* + datif

masculin/neutre	féminin	pluriel
mit ...m ...	mit ...r ...	mit ... n ...n

... la préposition *in* + datif

masculin/neutre	féminin	pluriel
in ...m	in ...r	in ... n ...n

... la conjonction de coordination *denn*

proposition 1,	*denn*	proposition 2
„denn" coordonne deux propositions indépendantes.		

Wir üben zusammen

Partner A stellt die Fragen:
Wo bist du?
Was machst du?
Mit wem?
Partner B antwortet.
Tauscht mehrmals die Rollen.

ich

Garten
Garage
Küche
Zimmer
Wohnzimmer

kochen
arbeiten
Fußball spielen
Gitarre spielen
Tischtennis spielen
essen
Hausaufgaben machen

Vater
Mutter
Bruder
Schwester
Freundin
Freund
Hund

mit System

Wortschatz

Das ist die Familie

die Großeltern → der Großvater (¨), die Großmutter (¨)
die Eltern → der Vater (¨), die Mutter (¨)
die Kinder → der Sohn (¨e), die Tochter (¨)
die Geschwister → der Bruder (¨), die Schwester (n)
die Geschwister der Eltern → der Onkel (-), die Tante (n)
die Kinder von Onkel und Tante → der Cousin (s), die Cousine (n)

Meine Familie und ich

Wo wir wohnen

das Haus (¨er)
→ Wir wohnen in einem Haus.
die Wohnung (en)
→ Wir wohnen in einer Wohnung.

Was wir da machen

duschen
arbeiten
kochen
essen
lesen
spielen
schlafen

Was es da gibt

der Keller (-)
das Badezimmer (-)
die Küche (n)
das Esszimmer (-)
das Wohnzimmer (-)
das Schlafzimmer (-)
mein Zimmer
die Toilette
der Garten (¨)
die Garage (n)
die Terrasse
der Balkon

Meine Familie / my family	
das Haus	the house
der Garten	the garden
der Vater	the father
die Mutter	the mother
der Bruder	the brother
die Schwester	the sister

Aussprache [ɐ]

Vater, Mutter, Bruder, Schwester leben hier
in dem Haus, schauen raus,
gehen in den Keller,
laufen immer schneller…
Nur ein Traum.
Aus!

Eine Bildgeschichte

Du erfindest eine kleine Geschichte!

Du...

... schreibst zuerst, wo die Szene spielt (im Wohnzimmer, in der Küche...),
... erfindest Dialoge zwischen den Personen.
Auch der Elefant kann sprechen!

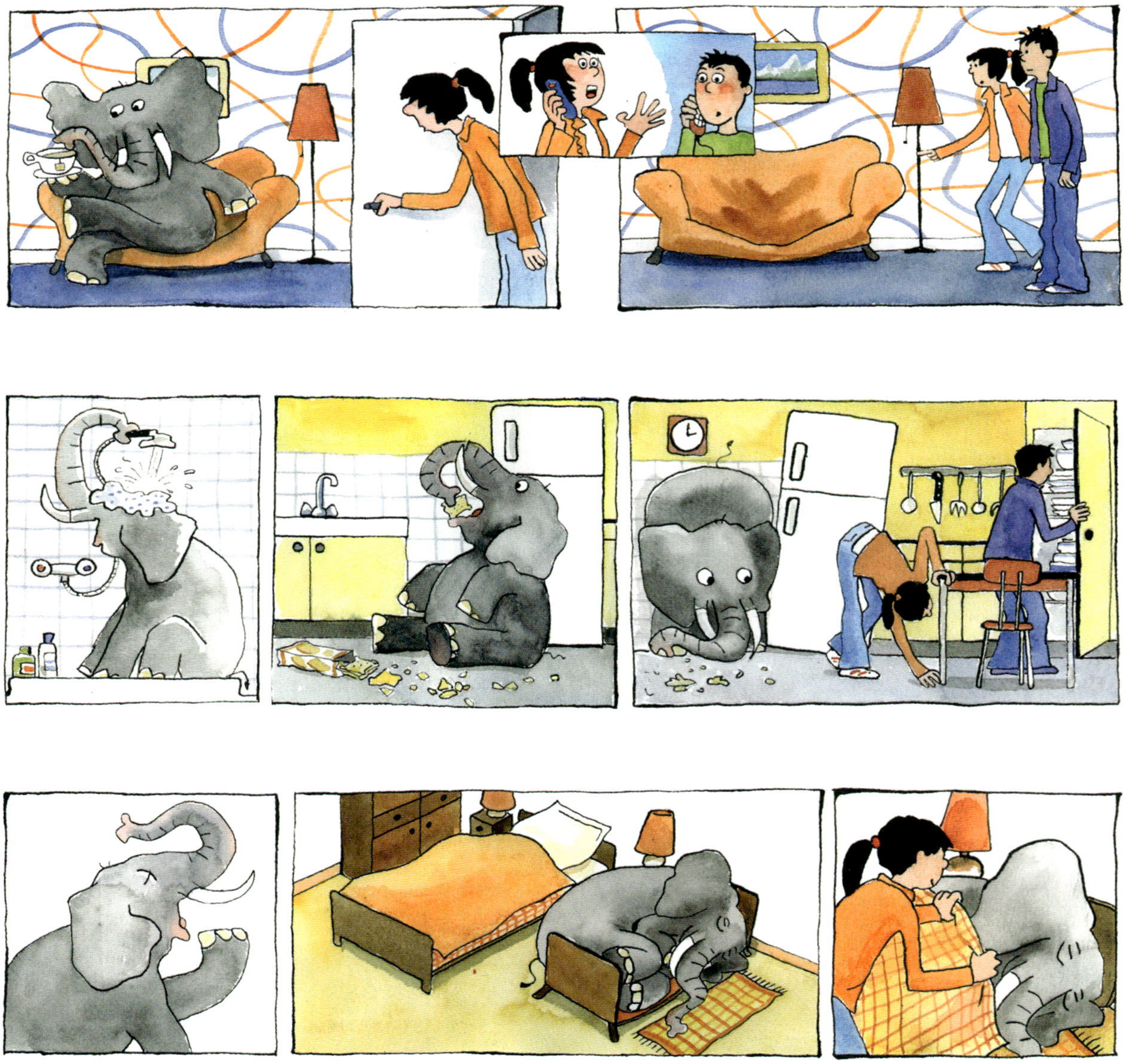

Meine Clique, meine Freunde

Am Ende dieser Etappe machst du aus einem Puzzle eine kleine Geschichte.

1. Wahre Freunde

Lesen+ Sprechen [Monolog]

Lies die Kommentare. Assoziiere Bild und Text.

→ Arbeitsheft S. 59

A

B

C

D

E

F

G

1. Ein guter Freund behält ein Geheimnis*.
2. Ein guter Freund hat immer gute Ideen.
3. Ein guter Freund hört mir zu und versteht mich.
4. Ein guter Freund ruft mich an und chattet mit mir.
5. Er hat die gleichen Hobbys und Interessen.
6. Ein guter Freund hilft mir, wenn ich ein Problem habe.
7. Ein guter Freund hat Humor.

*ein Geheimnis behalten: *garder un secret*

Sprechen [Monolog]

> Und jetzt... *Was ist für dich wichtig: Wähle zwei Sätze.*

2. Wir sind Freunde!

Hören +Sprechen [Monolog]

Hör zu: Was sagen die Jugendlichen aus Göttingen zum Thema Freundschaft?

→ Arbeitsheft S. 59

Annika & Marlies

Lukas & Friedrich

Katharina & Annemarie

3. Das machen wir zusammen!

+Sprechen [Monolog]

Lies die Texte und suche nach Informationen:
Was machen die Freunde und die Freundinnen zusammen? → Arbeitsheft S. 60

Text 1

Mein bester Freund

Ich habe viele Freunde. Mein bester Freund ist Pit. Er ist auch 14 Jahre alt, wie ich. Er ist mein Banknachbar* in der Schule und wir treffen uns auch in der Freizeit. Wir haben die gleichen Interessen, er spielt gern Fußball. Wir gehen nachmittags oft zusammen spielen. Er macht auch gern Videospiele wie ich. Am Wochenende kommt er oft zu mir nach Hause, oder ich gehe zu ihm.

Oliver

* der Banknachbar: *le voisin de table*

Text 2

Meine beste Freundin

Meine beste Freundin heißt Constanze. Ihr Spitzname ist „Conny", und sie ist 14 Jahre alt wie ich. Ich kenne sie seit der dritten Klasse. Wir sehen uns jeden Tag in der Schule.

Wir machen viele Dinge zusammen: Wir gehen am Nachmittag schwimmen und danach gehen wir auch oft shoppen oder Eis essen. Nach der Schule chatten wir auch oft oder gehen zum Eishockey. Wir treffen uns am Donnerstagnachmittag in der Musikschule. Sie ist ein sehr sportliches und freundliches Mädchen. Sie ist sehr lustig, offen und hat immer gute Laune. Manchmal streiten[1] wir uns, aber meistens verstehen[2] wir uns super.

Annekatrin

1. sich streiten: *se disputer*
2. sich verstehen: *bien s'entendre*

Sprechen [Monolog]

> Und jetzt... *Macht eine Umfrage in der Klasse: Was macht ihr mit euren Freunden?*

(Folge 5) Wotan ist bei Leonie. Sie ruft bei Kempmanns an. Panik! Wo ist Hannes? Ist er weg?

Ein Hannes zu viel

Folge 6

SOS – ihr müsst helfen[1]. Hannes hat ein Problem! Echt! Wotan ist hier, und ich weiß nicht, was los ist. Meldet euch und helft. Bitte!!! Leo

Kling. Eine Nachricht auf Messenger: Tom: ???????
Leonie: Was????
Tom: Was soll denn deine Mail?
Leonie: Wotan ist bei mir.
Tom: Und????
Leonie: Da stimmt was nicht.

Kling. Eine neue Nachricht. Clara.
Hi Leo, ich versteh gar nichts.
Leonie: Mann!! Hannes hat ein Problem. WIR MÜSSEN IHM HELFEN.
Clara: Okay, ich ruf dich gleich an. Muss nur eben zu Abend essen.

Wir sind Hannes' Freunde. Und Freunde helfen! Sie vertrauen ihrem Freund.[2]
Treffpunkt morgen früh vor der Schule. Dann besprechen wir alles. Und sehen, was wir machen können.
Bis dann – Max
P.S. Gib Wotan was zu Fressen. Und schlaf gut, Leonie.

1. helfen: *aider*
2. Sie vertrauen ihrem Freund.: *Ils font confiance à leur ami.*

4. SOS!

Lesen +Sprechen [Monolog]

Lies die E-Mails. Was ist los? Wie reagieren die Freunde?

→ Arbeitsheft S. 62

5. Ein möglicher Plan

Lesen+ Sprechen [Dialog]

Die Freunde treffen sich vor der Schule.
Lies, was sie für Ideen haben. Was ist die beste Idee?

Die Eltern anrufen…

oder Frau Sommer…

oder zur Polizei gehen…

oder einen Plan für die Suche machen…

oder etwas Anderes?

Sprechen [Dialog]

> Und jetzt… *Wählt eine Situation, erfindet einen Dialog und spielt die Szene.*

→ Arbeitsheft S. 62

6. Freunde engagieren sich

Lesen+ Sprechen [Monolog]

Schritt 1 *Gruppe A liest Text 1, Gruppe B liest Text 2, Gruppe C liest Text 3. Sammelt Informationen: Wer kann mitmachen? Welche Aktivitäten gibt es?* → Arbeitsheft S. 63

Schritt 2 *Stellt die Aktivitäten vor.*

Text 1

1. der Ausflug (-¨e): *l'excursion*
2. das Zeltlager: *le campement*

Text 2

Tierschutz in München

Jugendliche engagieren sich für den Tierschutz.

- Sie helfen aktiv Tieren und arbeiten im Tierheim* mit:
- Sie füttern Tiere, gehen mit ihnen spazieren...
- Sie suchen für die Tiere ein neues Zuhause.

MAGST DU TIERE? HAST DU ZEIT? DANN KOMM ZU UNS! TIERE BRAUCHEN JEDEN TAG HILFE!

* das Tierheim: *le refuge pour les animaux*

Text 3

Pfadfinder

ab 12 Jahren für Jungen und Mädchen

Wir treffen uns zweimal in der Woche montags von 18.00 bis 19.30 Uhr und mittwochs von 18.15 Uhr bis 19.45 Uhr.

Wir spielen Fußball und andere Spiele wie Minigolf. Einmal im Jahr fahren wir zwei Wochen lang in ein Sommerlager. Wir schlafen in Zelten, wir machen große Lagerfeuer und Gruppenspiele. Wir singen auch viel und haben sehr viel Spaß zusammen.

Du magst die Natur, du möchtest neue Freunde kennen lernen, spielen, du willst dich für die Umwelt engagieren, dann sind die Pfadfinder für dich richtig!

> Und jetzt... *Wofür engagiert ihr euch?*
Schreibt ein Plakat / Macht eine Collage zum Thema Tierschutz, Jugendfeuerwehr, ...
Sucht nach Material in Zeitungen, in Büchern, im Internet...

→ Arbeitsheft S. 63

Grammatik

Im Kontext

Dire que l'on aide avec...

Ich helfe dir.
Hilfst du gerne?
Ein guter Freund hilft mir.
Wir müssen helfen.

Sie helfen aktiv Tieren.

Dire à qui on apporte son aide avec...

Wir müssen ihm helfen.
Wir helfen ihr.

Formuler un ordre, un conseil ou un vœu avec...

Komm!
Schlaf gut!
Gib Wotan was zu Fressen!
Kommt um 7 Uhr 30!

Exprimer une nécessité avec...

Ich muss zu Abend essen.

Ein guter Freund muss helfen.
Wir müssen helfen.
Ihr müsst helfen!

Bausteine

... le verbe *helfen*

ich helfe
du **hilfst**
er, sie **hilft**
wir helfen
ihr helft
sie helfen

... les pronoms personnels au datif

mir	ich
dir	du
ihm	er
ihr	sie

... l'impératif

2e pers. du singulier	**Komm < komm(~~en~~)**
	Schlaf < schlaf(~~en~~)
Attention!	**Gib < geben (du gibst)**
2e pers. du pluriel	**Kommt < komm (~~en~~) + t**

... le verbe de modalité *müssen* au présent

ich **muss**
du **musst**
er/sie **muss**
wir müssen
ihr müsst
sie müssen

Wir üben zusammen

Partner A hat ein Problem. Wähle aus A und B und bilde einen Satz. Partner B gibt ihm einen Rat (C).*

A
Ich – Freund – Freundin – Fahrrad – Computer – Hund – Katze – Maus

B
krank
weg
kaputt
müde

sein

C
zur Polizei gehen
den Tierarzt holen
einen Freund fragen
die Nachbarn fragen
Vitamin C nehmen
etwas essen

* der Rat: *le conseil*

Wortschatz

Freunde

Freunde

der Freund (e) / die Freundin (nen)
mein bester Freund / meine beste Freundin
die Clique

Wie er/sie ist

ehrlich
freundlich
lustig
nett
offen
sportlich
sympathisch
natürlich

Was wir zusammen machen

shoppen gehen
ins Kino gehen
schwimmen gehen
Sport treiben
Spaß haben
sich engagieren

Warum wir Freunde sind

die gleichen Hobbys haben
die gleichen Interessen haben
immer für jemanden da sein
einem Freund { helfen / vertrauen / zuhören }
über alles reden

Wie wir in Kontakt bleiben

die E-Mail(s) → eine E-Mail schreiben
die SMS → eine SMS verschicken
über MSN/ICQ chatten
das Handy(s)

Seit wann wir uns kennen

seit drei Jahren
seit der dritten Klasse

Freundschaft / friendship

der Freund	the friend
helfen	to help
freundlich	friendly

Aussprache [ʃ]

Gestresste Sportler spielen spontan schlecht.

Ein Geschichtenpuzzle

Du spielst mit den Worten.

Du...

... suchst dir mindestens zehn Puzzlestücke aus.
... machst aus ihnen eine Geschichte.
... illustrierst deine Geschichte mit einem Foto oder einem Bild.

Videospiele zusammen. Annas Es ist Samstag, und es regnet.

nicht glücklich. Tanja kann Andi wohnt klingelt.

Und es gibt immer dem Hund Geburtstag bei keinen

Sie muss mit Anna ist heute Sie mag schlechte Laune ist vorbei*.

Heute Nachmittag Sie machen oft Regen. Aber wo

„Hallo?“ Alle heute zu spielen. hier ist Tanja.

ist Basketballturnier. in der gleichen Straße wie er. Freund.

Andi kommt. Heute ist aber Familientag: Hallo Anna,

spazieren gehen. sitzen im Auto. ist der Hund?

Das Telefon der Großmutter. so gut zuhören. etwas zu lachen.

Maxim hat einen guten Freund, Sie hat auch keine Lust einen sehr guten

* die schlechte Laune ist vorbei: *la mauvaise humeur est passée*

MEINE BILANZ & STRATEGIEN

Hören

Je peux comprendre le sens général d'une histoire ou identifier le sujet d'une conversation.

Je peux comprendre des informations sur l'entourage d'une personne (famille, amis, animal favori).

Lesen

Je peux trouver une information précise dans un prospectus ou un dépliant publicitaire.

Je peux comprendre le contenu d'un texte simple en m'aidant des illustrations.

Sprechen (Dialog)

Je peux répondre à des questions personnelles et en poser.

Je peux exprimer mon avis de manière simple.

Je peux donner une indication de lieu, préciser une date et un horaire.

Sprechen (Monolog)

Je peux décrire une personne ou un animal.

Je peux présenter l'endroit où j'habite.

Schreiben

Je peux décrire ma famille, mes amis ou mon animal favori dans une lettre ou un courriel.

STRATEGIEN

Pour faire des progrès en expression orale :

à l'école

- Investis-toi dans toutes les activités orales.
- Sois spontané quand tu prends la parole même si tu fais parfois des erreurs.
- N'hésite pas à :
  - poser des questions en allemand à ton professeur ou à tes camarades ;
  - demander de répéter plus lentement ou de faire épeler un mot.
- N'oublie pas de parler assez fort pour que les autres puissent t'entendre.

à la maison

- Pour être plus à l'aise à l'oral :
  - écoute régulièrement le CD du manuel et imite la mélodie d'une phrase ou d'un petit passage de texte. Tu peux aussi t'enregistrer ;
  - entraîne-toi à prononcer les mots nouveaux ;
  - répète et apprends par cœur de petits textes.
- Pour préparer la prise de parole :
  - prends modèle sur des enregistrements que tu as entendus ;
  - entraîne-toi à parler à partir de mots clés.

ZWISCHENSTATION 2

Hören

1. Écoute le dialogue. Quelle photographie représente ce que tu entends ? → Arbeitsheft S. 66

A

B

C

2. Écoute l'interview et complète l'arbre généalogique de Annika. Indique le nom et l'âge des parents et des frères et sœurs. → Arbeitsheft S. 66

3. Écoute l'interview de Stefanie et repère les informations demandées. → Arbeitsheft S. 66

a. Repère dans la liste ci-dessous les thèmes qu'elle aborde. Attention aux intrus.

Alter	Freunde
Wohnort	Musik
Schule	Aktivitäten
Bruder/Schwester	Tier

b. Écoute une deuxième fois et note les renseignements que tu as repérés pour chaque thème abordé. → Arbeitsheft S. 66

Lesen

4. Lis le prospectus ci-dessous et cherche les renseignements suivants : horaires, accès, différents tarifs. → Arbeitsheft S. 67

Traumland

der ideale Freizeitpark für klein und groß!

Der Park liegt mitten in der Natur. Hier kannst du viele Tiere aus Europa sehen: Wildkatzen, Füchse, Wölfe, Kaninchen, Murmeltiere und viele andere…
Eine andere Attraktion ist der Abenteuerspielplatz. Da kannst du klettern, springen, auf Ponys reiten.

Öffnungszeiten:
Jeden Tag von 10.00 bis 18.00.
Am Samstag und Sonntag von 9.00 bis 19.00.
Eintritt:
Erwachsene: 8 €
Kinder 4 € – *gratis für Kinder unter 6 Jahren.*
Familienticket: 20 €
In Kirchzarten, 20 km von Freiburg.
Parkplatz gratis, Buslinie 18.

Sprechen [Dialog]

5. À l'aide des fiches ci-dessous, joue un dialogue avec un camarade.

Thomas
1 Katze Mimi
3 Jahre alt
schwarz weiß
lieb
Milch, Fisch

Sandra
2 Kaninchen:
Dalli und Dallo
1 Jahr alt
braun / grau
Karotten

Thomas
1 Bruder Anton, und 1 Schwester Sonja
12 und 17 Jahre alt
nervös
Anton: Handball
Sonja: reiten

Sandra
2 Brüder, Andreas und Oliver
6 und 9 Jahre alt
Andreas: Autos und Playmobil
lieb
Oliver: Rad fahren und Fußball

Sprechen [Monolog]

6. Fais découvrir ton « univers » à tes camarades.
Tu peux aborder les points suivants :
- famille,
- maison,
- ami(e)s,
- animaux,

...

Schreiben

7. Écris une lettre dans laquelle tu parles de ta famille, de tes amis et de tes animaux.

→ Arbeitsheft S. 67

Göttingen, den 15. Mai

Liebe Annemarie,

....

....

....

....

Einheit 3

Schnell, es klingelt!
Der Geburtstag
HG
unesco-projekt-schule
Morgen feiern wir meinen Geburtstag.
Ich mag Feten
HAINBERG-GYMNASIUM GÖTTINGEN
UNESCO-PROJEKT-SCHULE
seit 1866

So lebe ich

LERNZIELE

Comprendre une indication d'horaire dans un message.

Repérer des informations sur les activités quotidiennes d'une personne et le déroulement de sa journée.

Comprendre les éléments essentiels d'un reportage.

Distinguer les thèmes abordés dans un texte.

Comprendre une recette.

Comprendre un texte narratif simple de manière détaillée.

Échanger des informations sur l'emploi du temps.

Demander et obtenir des renseignements sur des activités à l'école ou dans le cadre des loisirs.

Parler de sa vie quotidienne, de ses habitudes.

Présenter son école et les activités qui y sont proposées.

Expliquer une recette.

Établir une liste de choses à faire ou à acheter.

Exprimer son point de vue de manière simple.

Écrire une carte de vœux.

Rédiger un court article.

Ganz spontan

Ein Jahr, vier Jahreszeiten, zwölf Monate...

Tag ein, Tag aus

Am Ende dieser Etappe bastelst du eine illustrierte Uhr.

1. Rund um die Uhr

Hören +Sprechen [Monolog]

Schritt 1 *Sieh dir die Uhren an. Wie spät ist es?*

Schritt 2 *Hör zu: Wie spät ist es? Welche Durchsage* passt zu welcher Uhr?*

→ Arbeitsheft S. 68

*die Durchsage: *l'annonce*

1

2

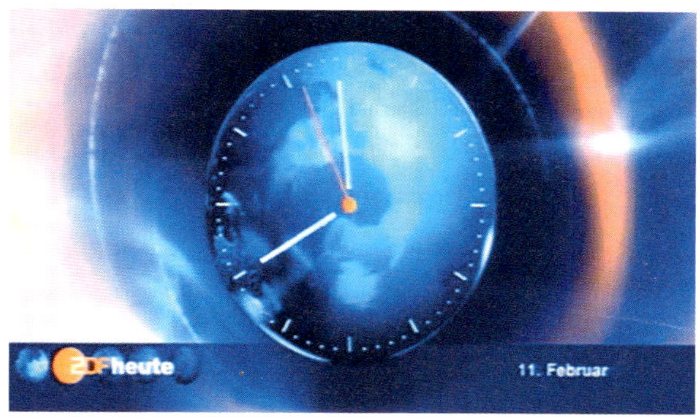

3

4

5

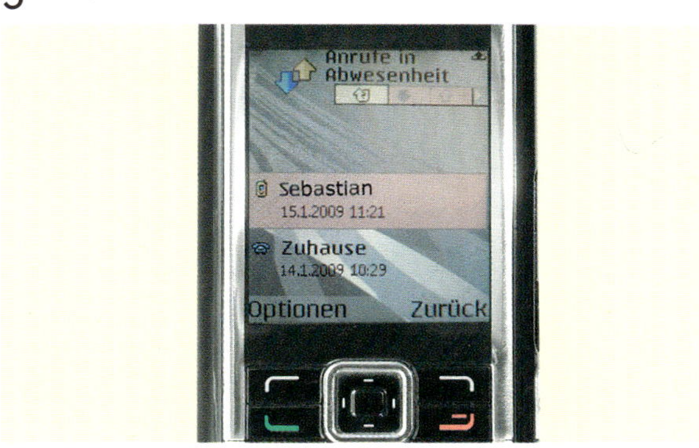

6

2. Mein Tag

Lesen +Sprechen [Monolog]

Schritt 1 *Lies Olivers Text und notiere die Informationen: Was macht er wann?*

→ Arbeitsheft S. 69

Schritt 2 *Lies jetzt die Notizen von Constanze und erzähle ihren Tagesablauf.*

Text 1: Tagesablauf von Oliver

Ich stehe um 6.30 Uhr auf. Danach gehe ich ins Bad und dann frühstücke ich um 7.00 Uhr. Um halb acht fahre ich mit dem Fahrrad zur Schule. Die Schule beginnt um 7.55 Uhr. Um 14.00 Uhr ist die Schule aus und ich fahre wieder nach Hause.
Ich esse zuerst eine Kleinigkeit[1], dann mache ich meine Hausaufgaben. Danach spiele ich am Computer oder ich lese. Manchmal fahre ich zu meinen Großeltern in den Garten oder ich treffe mich mit Freunden. Aber ich muss um 7 zu Hause sein, denn da gibt es Abendbrot[2]. Dann sehe ich fern[3]. Spätestens um 22 gehe ich ins Bett.

1. eine Kleinigkeit essen: *manger une bricole*
2. das Abendbrot: *le repas du soir*
3. fern/sehen: *regarder la télévision*

Text 2: Tagesablauf von Constanze

Tagesablauf von Constanze
6:30 Uhr: Aufstehen
Anziehen
6:45 Uhr: Frühstück
6:55 Uhr: Waschen und Zähne putzen
7:25 Uhr: Zur Schule gehen, manchmal mit meinem Bruder
7:55 Uhr bis 14:30 Uhr: Schule
15:00 Uhr: Hausaufgaben
16:30 Uhr bis 18:00 Uhr: Training
18:30 Uhr: Abendbrot
19:15 Uhr: Duschen
21:30 Uhr: Schlafen gehen
Mir fällt es schwer, immer früh aufzustehen.

3. Ein Tag bei uns

Hören +Sprechen [Monolog]

Schritt 1 *Hör zu: Wer spricht: Annekatrin, ihre Mutter oder ihr Vater? Welches Foto passt zu welcher Aussage?* → Arbeitsheft S. 69

Schritt 2 *Wer macht was wann?* → Arbeitsheft S. 70

Schritt 3 *Was mögen sie, was mögen sie nicht?*

A

B

C

D

E

F

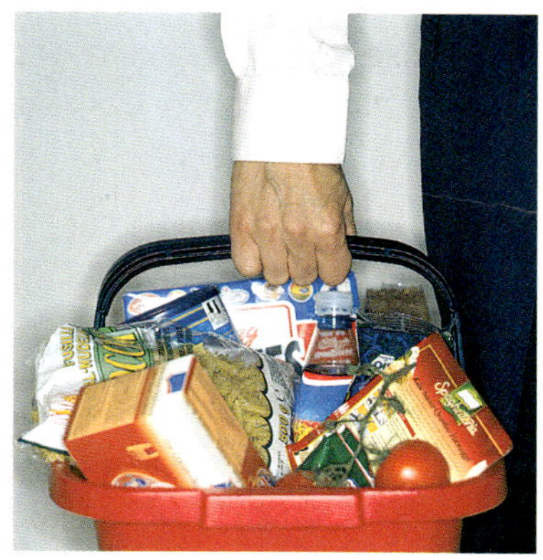

G

H

I

Schreiben +Sprechen [Monolog]

> Und jetzt… *Mache Notizen über deinen Tagesablauf und erzähle dann deinem Partner, wie ein Wochentag bei dir aussieht. Was magst du, was magst du nicht?* → Arbeitsheft S. 70

(Folge 6) Die Freunde suchen Hannes. Aber er ist allein im Zoo. Das weiß niemand.

Ein Hannes zu viel
Folge 7

In dieser Nacht schlafen viele Leute nicht gut.
Auch Hannes nicht. Eine Nacht im Affenhaus ist nicht schön. Da geht es einem am Morgen ganz schön schlecht: Alles tut Hannes weh[1], Beine, Arme und der Kopf. Die Luft ist kalt. Hannes friert. Er weint[2] ein bisschen. Es riecht[3] nicht gut. Niemand[4] kocht Kaffee, niemand ruft nach Hannes. Zu essen hat Hannes auch nichts mehr. Da kommt der Tierpfleger mit den Bananen für die Affen:
„Was machst du denn hier?"
„Ich, ich..."
„Raus hier!"
Und Hannes läuft so schnell er kann davon. Bang! Da war ein Baum. „Aua!" Hannes sieht Sterne. Was ist das denn für ein schrecklicher, blöder Morgen?

1. Alles tut Hannes weh: *Hannes a mal partout.* – 2. weinen: *pleurer* – 3. riechen: *sentir* – 4. niemand: *personne*

4. Ein schrecklicher oder ein schöner Morgen?

Lesen +Sprechen [Monolog]

Schritt 1 *Lies den Text. Welche Textpassage passt zu welchem Bild (Seite 82)?* → Arbeitsheft S. 72

Schritt 2 *Der Morgen im Affenhaus: „ein schrecklicher Morgen"? Notiere die Sätze.* → Arbeitsheft S. 72

Schritt 3 *Sieh die Bilder unten an: Wie sieht ein schöner Morgen für Hannes aus?* → Arbeitsheft S. 73

Sprechen [Dialog]

> Und jetzt… *Erfindet einen Dialog zwischen Hannes und einem netten Tierpfleger und spielt ihn!* → Arbeitsheft S. 73

5. Ein Tag bei „logo"-TV

Lesen+ Hören +Sprechen

Schritt 1 *Sieh dir die Bilder an und lies die Erklärungen „Jobs beim Fernsehen" (S.84). Wer arbeitet in der „logo"-Redaktion?*

Schritt 2 *Hör nun die Reportage von Kinderreporterin Sophie. Was erfährst du noch über das „logo"-Team?* → Arbeitsheft S. 75

1

2

3

4

5

6

7

8

Jobs beim Fernsehen

Redakteur/in

Er/sie wählt die Themen aus, recherchiert, macht eventuell Interviews und schreibt einen Artikel oder spricht in einer Sendung[1] darüber.

Moderator/in

Er/sie präsentiert die Sendung. Er/sie muss gute Ideen haben und sympathisch sein: Die Zuschauer[2] sollen ihn/sie mögen.

Cutter/in

Er/sie „schneidet" die Bilder für den Film zusammen. Das macht man heute am Computer.

Zeichner/in

Ein Zeichner beim Fernsehen realisiert die Figuren für Trickfilme[3].

Techniker/in

Er/sie kontrolliert in der Regie die Monitore und Kameras. Man sieht ihn/sie nicht im Fernsehen.

1. die Sendung: *l'émission*
2. der Zuschauer: *(ici) le téléspectateur*
3. der Trickfilm: *le dessin d'animation*

Schreiben

> Und jetzt… *Schreib einen Artikel über den Tag in der „logo"-Redaktion:*

→ Arbeitsheft S. 75

– Uhrzeiten
– Wer?
– Was?
– Kommentar

Grammatik

Im Kontext

Parler de ses activités avec...

Ich stehe um 6 Uhr30 auf.
Oliver sieht am Abend fern.

Bausteine

... des verbes à préverbe séparable

stehe ... auf	aufstehen
sieht ... fern	fernsehen

Dire où l'on va avec...

Er geht zum Bahnhof.
Kommst du heute zum Training?
Um halb acht gehe ich zur Schule.
Am Nachmittag fahre ich manchmal zu den Großeltern.

... la préposition *zu* + datif

masculin / neutre	féminin	pluriel
zu ...m	zu ...r	zu ...n ...n
zum	zur	

Nier quelque chose avec...

Viele Leute schlafen nicht gut.
Eine Nacht im Affenhaus ist nicht schön.
Ich kann heute nicht zum Training kommen.

... la négation *nicht*

nicht – adverbe
nicht – adjectif
nicht – groupe prépositionnel

Wir üben zusammen

Bilde Sätze mit A + B + C + D.

Beispiel: Ich gehe nicht ins Schwimmbad, ich bleibe lange im Bett.

A	B	C	D
ich du wir alle	nicht	traurig sein müde sein früh aufstehen gern lesen ins Schwimmbad gehen sportlich sein	glücklich sein lange im Bett bleiben fit sein ins Kino gehen gern fernsehen nervös sein

mit System

Wortschatz

Wie spät ist es?

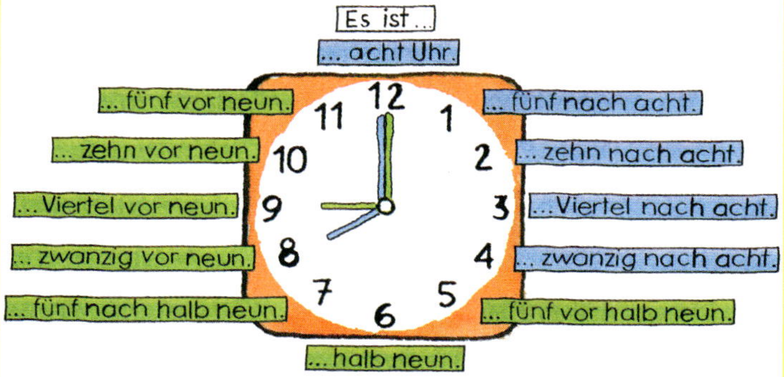

Die Zahlen von 21 – 60

21 = einundzwanzig
22 = zweiundzwanzig
23 = dreiundzwanzig
24 = vierundzwanzig
25 = fünfundzwanzig
26 = sechsundzwanzig
27 = siebenundzwanzig
28 = achtundzwanzig
29 = neunundzwanzig
30 = dreißig
31 = einunddreißig
40 = vierzig
50 = fünfzig
60 = sechzig

Mein Tag

Der Tagesablauf

Was ich am Morgen mache
aufstehen
sich anziehen
frühstücken
die Schultasche packen
zur Schule gehen
nach Hause kommen

zu Mittag essen
eine Kleinigkeit essen

Was ich am Nachmittag mache
Hausaufgaben machen
am Computer spielen
mich mit Freunden treffen

Was ich am Abend mache
Abendbrot essen
fernsehen
lesen
ins Bett gehen
schlafen gehen

zuerst	Zuerst esse ich Abendbrot.
dann	Dann sehe ich fern.
danach	Danach gehe ich schlafen.

Aussprache [v] – [f]

Warum weckt der Wecker Vater um Viertel vor vier?
(Er ist kaputt!)

Meine Uhr

Du bastelst deine Tagesuhr.

Du brauchst:

Du:

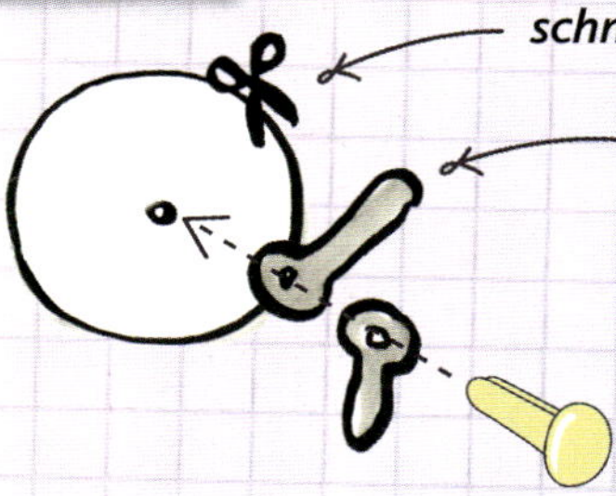

schneidest einen Kreis aus[1]*: Das wird die Uhr.*

machst Zeiger[2] *an die Uhr.*

schneidest die Etiketten für die Texte aus.

schreibst die Texte (zum Beispiel: 7 Uhr – der Wecker klingelt… oh je!).

klebst die Etiketten auf die Uhr.

Benutze verschiedene Farben: blau, rot…
Du kannst die Texte auch illustrieren!

1. aus/schneiden: *découper*
2. der Zeiger: *l'aiguille*

Und jetzt?

Eine Ausstellung in der Klasse!*

* die Ausstellung: *l'exposition*

Mein Schultag

Am Ende dieser Etappe machst du eine Reportage über deine Schule.

1. Was haben wir heute?

Lesen+ Sprechen [Monolog]

Sieh dir den Stundenplan und die Schulbücher an:
Welche Fächer hat die Klasse 7.4 aus Weißwasser und wann?
(Siehe Seite 97 „Meine Fächer".) → Arbeitsheft S. 79

ZEIT	MONTAG	DIENSTAG	MITTWOCH	DONNERSTAG	FREITAG
Erste Stunde	Ma	Eth/Rel	Ge	Geo	D
Zweite Stunde	D	Eng	Sp	Frz	Ma
Dritte Stunde	D	Eng	Sp	Frz	Ma
Vierte Stunde	Phy	Geo	Bio	Bio	Ge
Fünfte Stunde	Frz	Ku	Phy	Ma	Info
Sechste Stunde	Eng	D	Frz	Ch	Eng
Siebte Stunde	Pol		Mu		

Schreiben+ Sprechen [Monolog]

> Und jetzt... *Schreibe deinen Stundenplan auf Deutsch.*
Vergleiche mit dem Stundenplan der 7.4. → Arbeitsheft S. 80

2. Ein Tag am Hainberg-Gymnasium

Hören +Sprechen [Monolog]

Schritt 1 *Sieh die Bilder an: Was zeigen die Fotos:*
– Fach,
– Ort,
– Aktivität.

Schritt 2 *Hör zu: Was erzählt Friedrich von seinem Schultag?*
Welche Aufnahme passt zu welchem Foto? → Arbeitsheft S. 81

A

B

C

E

D

F

G

H

I

J

Sprechen [Dialog]

> Und jetzt... *Sprich mit deinem Partner über deinen Lieblingstag in der Schule.*

(Folge 7) Der Tierpfleger findet Hannes im Affenhaus. Hannes läuft weg.

7.35: Leonie ist die erste an diesem Morgen. Dann kommen noch Max, Clara und Tom. Alle vier gehen in die Klasse. Um 7.40 sitzen alle Schüler der 7b an ihren Plätzen. In der ersten Stunde ist Mathe. Nur Hannes ist noch nicht da. Die Freunde sind besorgt[1].

Es klingelt. Hannes kommt herein, eine Sekunde vor Herrn Zahlmann. Leonie schaut ihren Freund an: „Alles okay?“ Hannes nickt[2]. Der Unterricht fängt an[3].

1. besorgt: *inquiet* – 2. nicken: *hocher la tête* – 3. an/fangen: *commencer*

3. In der Mathestunde

Lesen, Hören+ Sprechen [Monolog]

Schritt 1 *Lies den Text (S.92). Wo spielt die Szene? Was ist los?* → Arbeitsheft S. 83

Schritt 2 *Sieh die Bilder 1-4 an. Hör zu: Was passiert?* → Arbeitsheft S. 83

1

2

3

4

Sprechen [Dialog]

> Und jetzt… *Spielt die Szene!*

4. Das Hainberg-Gymnasium stellt sich vor

Lesen +Sprechen [Monolog]

Schritt 1 *Bildet Gruppen.*
Gruppe A liest Teil 1, Gruppe B liest Teil 2.
Macht Notizen zu folgenden Punkten:
– Was kann man machen?
– Wer kann mitmachen?
– Wo und wann finden die Aktivitäten statt? → Arbeitsheft S. 84

Schritt 2 *Stellt die Aktivitäten am Hainberg-Gymnasium der Klasse vor.*

Schritt 3 *Hör zu: Was sagt der Sportlehrer zu:*
– den Gymnasien in Göttingen,
– dem Unterricht? → Arbeitsheft S. 85

Teil 1

Hainberg-Gymnasium Göttingen
Friedländer Weg 19
37085 Göttingen

Zahlen
Schüler: 1300 | Lehrer: 100 | Klassen: von 5 bis 12

Das ist die **Basketball-AG**: In dieser AG sind Schüler/innen, die gern Basketball spielen. Wir trainieren jeden Dienstag von 15.30 bis 17 Uhr in der Sporthalle.

Jugend Forscht[1]: Eine AG für Schüler/innen, die gerne experimentieren.
Wo? Im Physikraum 2.
Wann? Am Freitag in der 7. und 8. Stunde.
Mehr Informationen könnt ihr bei Marcus Clemens bekommen.

In der **Handball-AG** trainieren Schüler/innen einmal in der Woche zwei Stunden am Donnerstagabend. Sie trainieren auch für „Jugend trainiert für Olympia". (Letztes Jahr waren wir im Finale!)

In der **UNESCO-AG** machen wir Präsentationen über die UNESCO-Aktivitäten am HG. Interessierst du dich für andere Länder? Schreibst du gerne kleine Texte? Dann bist du bei uns richtig.

Die **Volleyball-AG**: Hier können alle trainieren. Wann? Jeden Mittwoch von 15 Uhr bis 16 Uhr 15. Die Turniere finden am Samstagnachmittag statt.

In der **Schach-AG** treffen sich Schüler/innen, um gemeinsam Schach zu spielen. Einmal im Monat gibt es auch ein Turnier.

Dann gibt es noch die **Schulgarten-AG**. Die Schüler in dieser AG kümmern sich um[2] den Schulgarten unserer Schule. Wir treffen uns drei Mal in der Woche am Nachmittag nach der Schule.

AG: Arbeitsgemeinschaft.
Eine AG ist kein Schulfach.
Hier arbeiten Schüler an Projekten.
Eine AG findet am Nachmittag statt.

1. Jugend forscht: *concours scientifique*
2. sich um etwas kümmern: *s'occuper de qch.*

Teil 2

Musik am HG

Der Schulchor

Für die Schülerinnen und Schüler gibt es einen Chor.
Wann? Wir proben[1] immer donnerstags, Uhrzeit: 13.45 Uhr – 15.00 Uhr.
Wo? Im Musikraum.
Mit wem? Frau Hoppe.
Was braucht man, um mitmachen zu können? Jede Menge Lust und Spaß am Singen.
Was singen wir? Viele schöne Songs und Lieder.

Bigband JAZZTIFIED

Momentan hat die Band ca. 25 Mitglieder[2]. Mitmachen kann jede(r), der/die Interesse an toller Bigbandmusik hat und eines der folgenden Instrumente spielt: Saxofon, Trompete, Posaune, Gitarre, Klavier, Bass, Schlagzeug[3]. Momentan suchen wir dringend Trompeten!! Wir proben mittwochs von 18 bis 20 Uhr im Musikraum. Bei Interesse einfach hinkommen! Bringt eure Instrumente und viel gute Laune mit!

1. das Mitglied: *le membre*
2. proben: *répéter*
3. das Schlagzeug: *la batterie*

Kontakte mit dem Ausland[1]

unesco-projekt-schule

Das Hainberg Gymnasium ist eine unesco-projekt-schule. Wir haben Kontakte zu Partnerschulen in der ganzen Welt und organisieren auch viele Schüleraustausche[2]. Die Göttinger Schüler wohnen während des Austauschs in Gastfamilien und gehen in die Schule. Natürlich stehen auch immer Ausflüge[3] auf dem Programm!

Mehr Informationen unter: **www.hainberg-gymnasium.de/**

1. das Ausland: *l'étranger*
2. der Schüleraustausch (e): *l'échange scolaire*
3. der Ausflug (¨e): *l'excursion*

Sprechen [Monolog]

> Und jetzt... *Sammelt Informationen über die Aktivitäten an eurer Schule und bereitet eine kleine Präsentation vor.*

Musik
Sport
Informatik
Schule
Theater
Austausch

Grammatik

Im Kontext

Mettre un élément en relief dans...

In der ersten Stunde haben wir Mathe.
Am Kiosk gibt es frische Brötchen.
Sport haben wir am Donnerstag.

Parler de ce que nous avons, de ce que nous possédons avec...

Unser Französischlehrer organisiert einen Schüleraustausch.
Unser Gymnasium ist eine unesco-projekt-schule.
Unsere Klasse macht bei einem Handballturnier mit.

Décoder...

der Musikraum
der Pausenhof
das Schulbuch
das Vokabelspiel
die Partnerschule
die Sporthalle

Bausteine

... la déclarative

1	2	
complément	verbe	sujet

... les déterminants possessifs de la 1re personne du pluriel au nominatif

masculin	neutre	féminin	
unser ...	unser ...	unsere ...	wir

... les mots composés

die Musik – **der Raum**
die Pause – **der Hof**
die Schule – **das Buch**
die Vokabel – **das Spiel**
der Partner – **die Schule**
der Sport – **die Halle**

Wir üben zusammen

Bilde Sätze mit A, B und C. Beispiel: In der dritten Stunde haben wir Französisch.

A

in der dritten Stunde
am Dienstag
in der Klassenstunde
um halb zehn
Französisch
eine Diskussion
Pause
ein Spiel
auf dem Pausenhof
in der Sporthalle

B

haben wir
machen wir

C

in der dritten Stunde
am Dienstag
in der Klassenstunde
um halb zehn
Französisch
eine Diskussion
Pause
ein Spiel
auf dem Pausenhof
in der Sporthalle

mit System

Wortschatz

Meine Schule und

Meine Fächer

das Fach (¨er)
Deutsch
Französisch
Englisch
Latein
Geschichte
Geographie / Erdkunde
Biologie
Mathematik
Informatik
Physik
Chemie
Sport
Musik
Kunst
Ethik
Religion

Der Stundenplan

die 1. Stunde = die erste Stunde
in der ersten Stunde
in der zweiten Stunde
in der dritten Stunde
in der vierten Stunde
in der fünften Stunde
in der sechsten Stunde

Der Unterricht

Der Unterricht beginnt um 7.50 Uhr.
der Stundenplan (¨e) → Unser Stundenplan ist ziemlich voll.
die Schulstunde (n) → Eine Schulstunde dauert 45 Minuten.
die Pause (n) → Wir haben zwei große Pausen.

Was ich sonst noch mache

bei einer AG mitmachen
an einem Schüleraustausch teilnehmen
im Orchester spielen
im Chor singen

Wo wir sind

in unserem Klassenraum
im Physikraum
in der Sporthalle
auf dem Pausenhof
am Kiosk

Die Schule / the school

der Klassenraum	the classroom
singen	to sing

Aussprache [ç]

Friedrich hat Geschichte bei Frau Fichte.
Doch der Unterricht gefällt ihm nicht.

Unsere Schule

Eine Reportage über die Schule

Die Form

Schaut euch ein Magazin an: Wie sehen die Artikel aus?

Tipps: *Der Titel muss gut sein und interessant. Er ist groß und fett.*
Es gibt vielleicht Kästen mit Infos (Zahlen, Besonderes...).

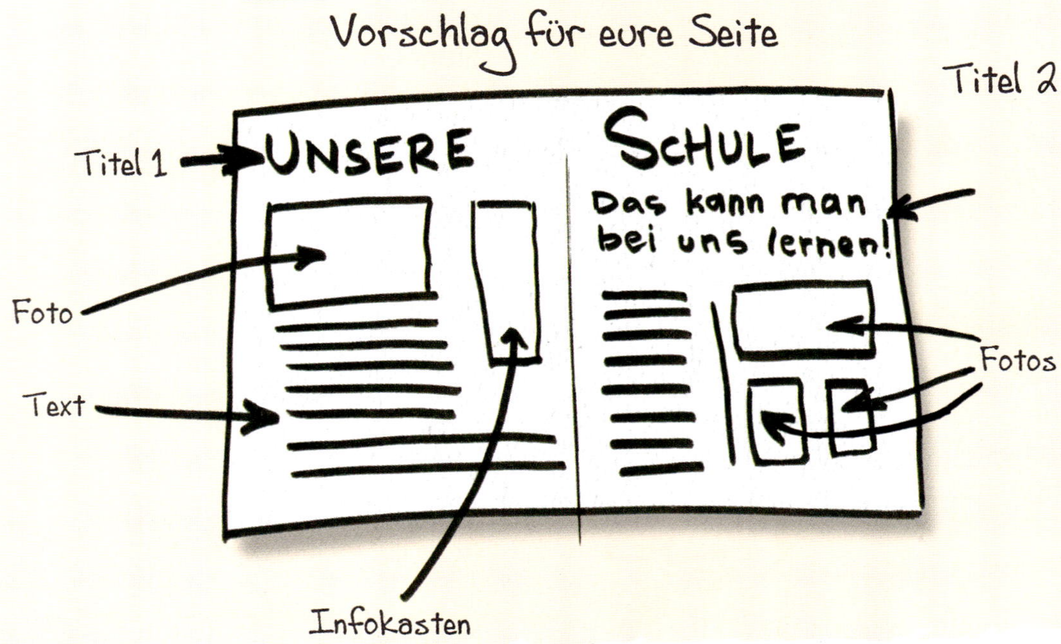

Ideen für euren Artikel:

Wie heißt die Schule? Warum?
Wie lange existiert sie schon?
Wie viele Schüler gibt es? Und wie viele Lehrer?
Wie viele Sprachen kann man lernen?
Welche AGs gibt es?
Was ist besonders?

Ihr könnt auch:

- Interviews machen (mit Schülern, mit Lehrern, mit dem Hausmeister*, den Leuten aus der Kantine...),
- Projekte vorstellen (Austausch, Partnerschule...).

* der Hausmeister: *le gardien*

Feste feiern

Am Ende dieser Etappe macht ihr ein Spiel.

1. Ein Jahr, viele Feste

Sprechen [Monolog] +Schreiben

Schritt 1 *Hör zu: Welches Fest ist das?* → Arbeitsheft S. 89

Schritt 2 *Sieh die Karten an. Welche möchtest du schreiben? Warum?*

Schritt 3 *Schreibe deine Karte mit Hilfe des Modells.* → Arbeitsheft S. 89

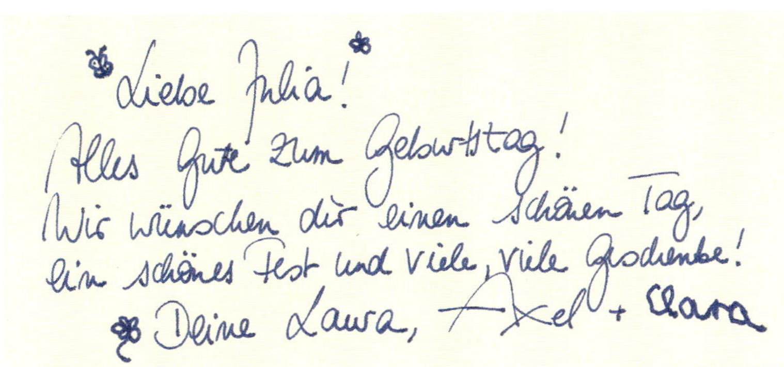

2. Alles Gute zum Geburtstag!

Hören +Sprechen [Dialog]

Hör zu: Wann haben die Freunde Geburtstag? Hör die Dialoge an, suche Indizien und finde das richtige Datum. → Arbeitsheft S. 90

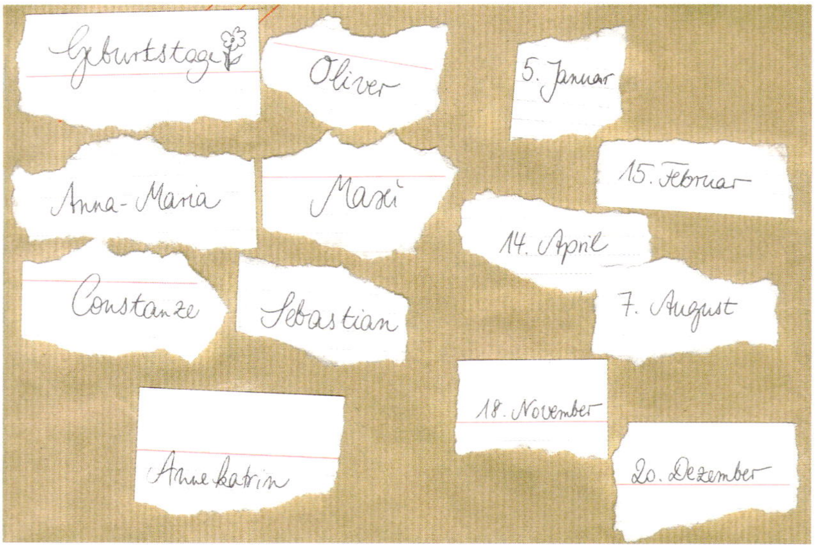

Ein Ratespiel

Sprechen [Dialog]

> Und jetzt… *Bildet Gruppen (3 oder 4 Schüler). Stellt den Partnern Fragen und findet, wann sie Geburtstag haben.*

Ist es warm? ? Ist es kurz vor Weihnachten?
Ist es in den Ferien? …

3. Ein schöner Geburtstag

Lesen +Schreiben

Was gehört für die Freunde zu einem schönen Geburtstag?
Lies die Texte und sammle Informationen:
– Wer kommt?
– Wo feiern sie?
– Was machen sie?

→ Arbeitsheft S. 91

An meinem Geburtstag kommen immer meine Verwandten zum Gratulieren, mein Cousin Maurizio kommt auch mit. Es gibt Kaffee und Kuchen, und um 19 Uhr essen wir zusammen Abendbrot.
Am Freitag oder am Samstag feiere[1] ich dann mit meinen Freunden. Da ist es immer sehr lustig. Oft gehen wir bowlen oder auch ins Kino.

Maxi

Meinen Geburtstag feiere ich immer mit Freunden. Es ist noch Sommer und wir können draußen im Garten feiern und grillen. Meine Mutter macht immer Kartoffelsalat. Wir gehen zum Skatepark oder wir spielen Fußball. Oder wir fahren ins Schwimmbad. Wenn es regnet, machen wir die Party in der Wohnung und spielen Playstation.

Oliver

Ein schöner Geburtstag?
Für mich muss das Wetter schön sein, es kann schneien[2], da können wir Schlitten fahren.
Meine Oma und mein Opa kommen mit meinen Cousins und meinen Cousinen, sie bringen mir Geschenke und wir essen eine tolle Schokotorte.

Anna-Maria

1. feiern: *fêter*
2. schneien: *neiger*

Sprechen [Monolog]

> Und jetzt… *Sag deinem Partner, wann du Geburtstag hast und wie du deinen Geburtstag feierst.*

(Folge 8) Hannes war in der Schule. Da ist der andere. Er ist ein Mathegenie…

Ein Hannes zu viel

Folge 9

Samstagmorgen. Hannes wird wach und hört „Zum Geburtstag viel Glück!“ Richtig! Er hat ja heute Geburtstag! Ist alles wieder in Ordnung? Oh, wie schön!

Nein, das stimmt ja nicht: Er sitzt hier auf dem Dachboden[1] und unten ist der andere. Es riecht nach Kaffee und Kakao. Hannes wünscht sich nach unten zu seiner Familie. Er schläft wieder ein und hört nicht mehr, wie seine Mutter sagt: „Ich muss mal mit dem Jungen zum Arzt[2]. Der ist so blass[3]!“

Es klingelt. Hannes ist wieder wach und hört die Stimme von Großmutter Kempmann: „Na, mein Hannes, alles Gute zum Geburtstag!“

Es riecht nach Mittagessen. Sein Lieblingsessen. Spaghetti Bolognese. Die isst jetzt der andere! Hannes wünscht sich so sehr an den Mittagstisch. Und wieder wird unten das Geburtstagskind sehr blass...

Um drei Uhr klingelt es wieder: Gäste[4]. Alle Freunde kommen mit Geschenken und guter Laune[5]. Merkt denn niemand etwas? Selbst Leonie nicht! Sie ist doch seine beste Freundin! Der Hannes dort unten nimmt die Geschenke, packt sie nicht einmal aus und sagt nur höflich[6]: „Danke.“ Oder auch: „Danke sehr.“

Hannes' Herz klopft[7]: „Ich will nach unten!“ Und da wird der andere Hannes blass wie ein Gespenst[8]. Hannes auf dem Dachboden denkt an Wotan: Wo ist er denn? Da bekommt der blasse Hannes wieder Farbe, aber das sieht Hannes auf dem Dachboden nicht. Er fühlt nur, dass da ein Kontakt ist.

1. der Dachboden: *le grenier* – 2. zum Arzt gehen: *aller voir le médecin* – 3. blass: *pâle* – 4. der Gast: *l'invité* – 5. gute Laune: *bonne humeur* – 6. höflich: *poliment* – 7. Hannes' Herz klopft.: *Hannes a le cœur qui bat.* – 8. wie ein Gespenst: *comme un fantôme*

4. Ein trauriger Geburtstag

+Lesen

Schritt 1 *Sieh das Bild unten an.*
– Wer ist im Haus?
– In welchem Raum? Was machen sie?
– Wer kommt? Wann?

→ Arbeitsheft S. 93

Schritt 2 *Lies den Text auf Seite 102. Welche neuen Informationen bekommst du zu folgenden Punkten:*
– die Personen,
– das Fest,
– das Essen,
– die beiden Jungen.

→ Arbeitsheft S. 93

Auf dem Dachboden

Im 1. Stock

Im Erdgeschoss

> Und jetzt… *Erfinde du!*
Wie ist das Fest? Was machen die Gäste? Was sagen sie, was passiert? Dann schreibe die Geschichte weiter.

→ Arbeitsheft S. 94

5. Rezepte leicht und lecker!

Lesen+ Sprechen [Monolog]

Schritt 1 *Die Klasse bildet 4 Gruppen. Jede Gruppe liest ein Rezept und notiert die Zutaten.*

→ Arbeitsheft S. 95

Schritt 2 *Stellt mit Hilfe der Rollenkarten auf S. 105 das Rezept im Fernsehstudio vor.*

1. Salat

Kartoffelsalat

für 6 Personen

Zuerst 500 gr. Kartoffeln kochen. Dann eine große Zwiebel[1], eine rote und eine gelbe Paprika, eine Gurke und vier Tomaten ganz klein schneiden. Die kalten Kartoffeln pellen und schneiden.
Für das Dressing 200 gr. Naturjoghurt mit 5 EL Ketchup, 1 EL Öl und etwas Curry mischen. Zum Schluss alles in einer Schüssel[2] gut mischen.

Guten Appetit!

1. die Zwiebel: *l'oignon* – 2. die Schüssel: *le saladier*

2. Fleisch

Frikadellen

für 6 Personen

2 Zwiebeln und Petersilie klein hacken. 200 gr. trockenes Brot mit 2 EL Milch einweichen[1].
1 kg Hackfleisch und 2 Eier in eine Schüssel geben und alles gut mischen, mit Salz und Pfeffer würzen.
Alles 2 Stunden in den Kühlschrank[2] stellen. Dann aus dem Fleischteig Frikadellen formen und braten[3].

Kann man kalt oder warm essen.

1. einweichen: *faire tremper* – 2. der Kühlschrank: *le réfrigérateur* – 3. braten: *cuire*

3. Nachtisch

Rote Grütze

für 4 Personen

75 gr. Kirschen entsteinen[1]. Mit 1/2 Tasse Wasser und etwas Gelatine kurz kochen. 75 gr. Erdbeeren[2] und 75 gr. Himbeeren[3] zu den Kirschen geben. Alles eventuell mit 2-3 EL Zucker süßen. Die Rote Grütze kalt mit Vanillesoße servieren.

Rote Grütze ist im Sommer das Größte!

1. entsteinen: *dénoyauter* – 2. die Erdbeere: *la fraise* – 3. die Himbeere: *la framboise*

4. Getränk

KIBO -
Kiwibowle
für 8 bis 10 Personen

6 Kiwis schälen[1] und klein schneiden, zusammen mit 1/2 Liter Ananassaft, mit 1/2 Liter Orangensaft und 5 EL Zitronensaft in eine große Karaffe geben und etwa 2 Stunden in den Kühlschrank stellen. 2 Flaschen Limonade und Eiswürfel[2] dazugeben und servieren.

Im Sommer sehr erfrischend! Prost!

1. schälen: *éplucher*
2. der Eiswürfel: *le glaçon*

Schüler / Schülerin 1

→ ist der Moderator / die Moderatorin

„Willkommen im Kochstudio!"
„Heute kochen wir..."
„Wie heißt das Rezept?"
„Was brauchst du dazu?"
„Wie viel ... brauchst du dazu?"

Schüler / Schülerin 2

→ ist der Koch / die Köchin
Er / sie erklärt das Rezept.

- die Mengen: Stück / ... Gramm ... / ... Kilogramm ... / ... Esslöffel ... / ... Teelöffel ...
- Zuerst ... Dann ... Zum Schluss ...
- Ich koche ... Ich schneide ... Ich gebe ... Ich mische ...

Schüler / Schülerin 3

→ notiert die Zutaten an der Tafel

Stück → St.
Gramm → gr.
Kilogramm → kg
Esslöffel → EL
Teelöffel → TL

Sprechen [Monolog] > Und jetzt... *Stell der Klasse dein Lieblingsrezept vor.*

Grammatik

Im Kontext

Donner une indication de temps avec...

Ich habe am 5. Januar Geburtstag.
Am Freitag oder am Samstag feiere ich mit Freunden.
Ich bin auch im Dezember geboren.
Ich habe im Frühling Geburtstag.
Alles Gute zum Neuen Jahr.
Alles Gute zum Geburtstag.

Bausteine

... les prépositions *an*, *in* et *zu* + datif

am	+ date
am	+ jour
im	+ mois
im	+ saison
zu	+ fête
zu	+ fête

Exprimer un souhait avec...

Ich möchte auch unten sein.
Welche Karte möchtest du zu Weihnachten schreiben?
Er möchte auch Spaghetti Bolognese essen.

... la forme verbale *möchte*

ich	möchte
du	möchtest
er/sie	möchte
wir	möchten
ihr	möchtet
sie	möchten

Rédiger un mode d'emploi avec...

Die Kartoffeln kochen.
Die Zwiebel, die Gurke und die Paprika klein schneiden.
Alles gut mischen.

... un groupe verbal à l'infinitif

compléments	verbe à l'infinitif

Wir üben zusammen

Bilde Sätze mit A, B, C und D.
Beispiel: Ich möchte im Sommer Bowle trinken.

A

Ich möchte ...

B

am
im
zu

C

Samstag
Nachmittag
Sommer
Winter
Weihnachten
meinem Geburtstag

D

Schlitten fahren
Schokotorte essen
Bowle trinken
Fußball spielen
grillen
ins Schwimmbad gehen
ein Fest machen

mit System

Wortschatz

Was man wünscht

wünschen → Ich wünsche dir alles Gute.
Frohe Weihnachten!
Guten Rutsch!
Alles Gute zum Neuen Jahr!
Alles Gute zum Geburtstag!
Herzlichen Glückwunsch zum Geburtstag!

Was man feiert

Weihnachten
Karneval / Fasching
Geburtstag haben
Geburtstag feiern
Geschenke machen
Geschenke bekommen

Feste feiern

Was ich koche und backe

das Rezept (e)
der Kartoffelsalat
die Schokotorte
schälen
schneiden
kochen
mischen
in den Kühlschrank stellen

Das Jahr / the year	
Januar	january
Februar	february
März	march
April	april
Mai	may
Juni	june
Juli	july
August	august
September	september
Oktober	october
November	november
Dezember	december
der Winter	the winter
der Sommer	the summer

Aussprache [ç/x]

Richtig kochen und backen kann man nur mit einem richtigen Koch- und Backbuch.

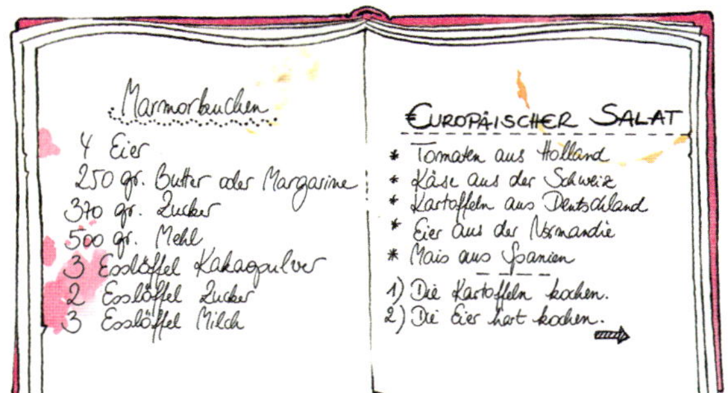

Jahresspiel

Und jetzt spielt!

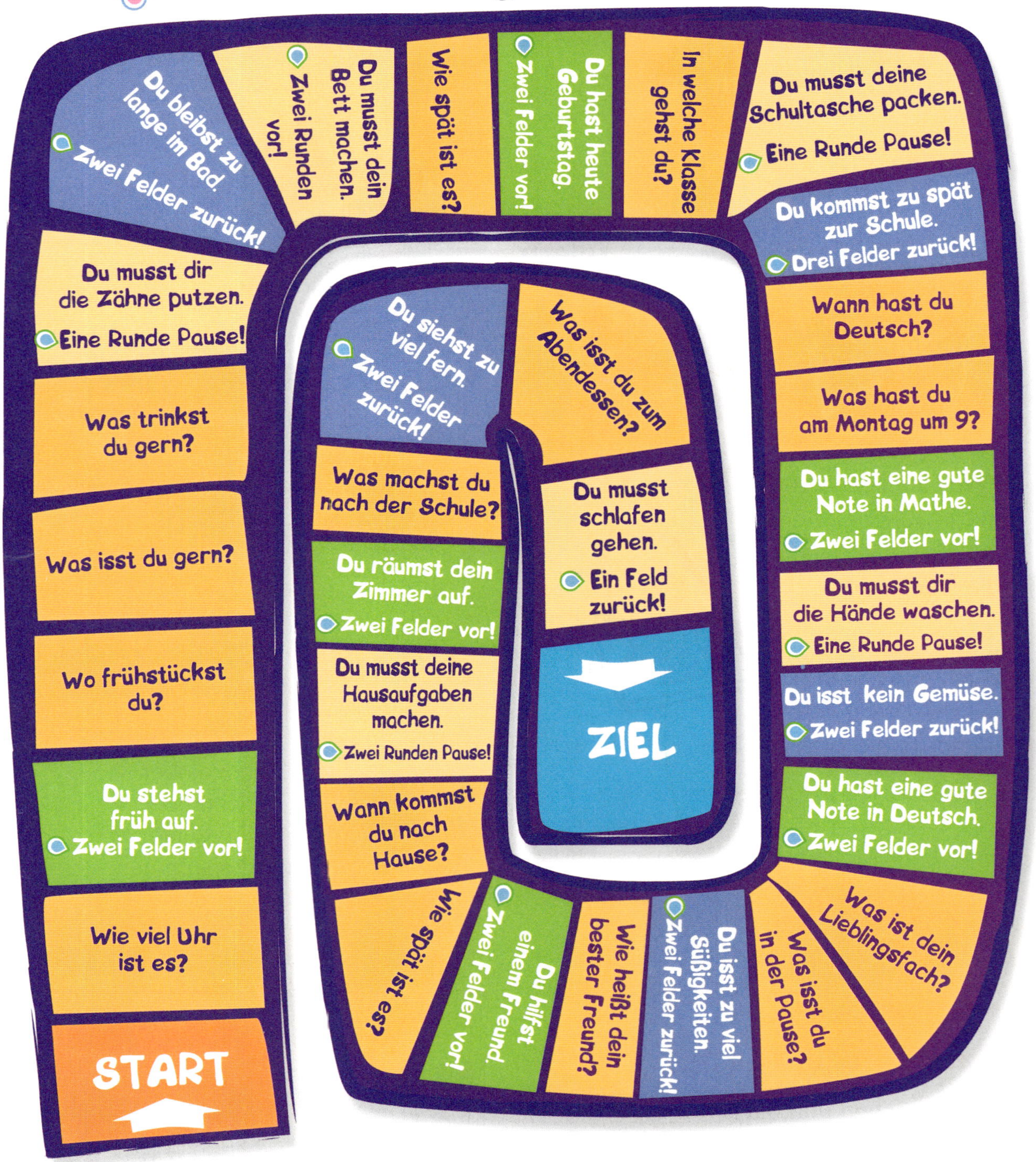

MEINE BILANZ & STRATEGIEN

Je peux comprendre une indication d'horaire dans un message, par exemple l'annonce dans une gare.

Je peux repérer des informations sur les activités quotidiennes d'une personne et le déroulement de sa journée.

Je peux comprendre les éléments essentiels d'un reportage sur une émission de télévision.

Je peux distinguer les thèmes abordés dans un texte.

Je peux comprendre une recette simple.

Je peux comprendre un texte narratif simple de manière détaillée.

Je peux demander et indiquer l'heure.

Je peux échanger des informations sur un emploi du temps.

Je peux demander et obtenir des renseignements pratiques sur des horaires, des lieux ou des activités (école, loisirs).

Je peux parler de ma vie quotidienne et de mes habitudes.

Je peux présenter mon école et les activités qui y sont proposées.

Je peux expliquer une recette.

Je peux établir une liste de choses à faire ou à acheter, par exemple pour réaliser une recette.

Je peux donner mon point de vue, par exemple sur le déroulement de ma journée.

Je peux écrire une carte de vœux (fêtes, anniversaires).

Je peux rédiger un court article, par exemple sur mon école.

Je peux écrire la suite d'une histoire.

STRATEGIEN

Pour faire des progrès en compréhension de l'écrit :

à l'école

- Lis bien la consigne, elle te guide dans la lecture du texte.
- Aide-toi des illustrations pour comprendre.
- Repère les mots qui ressemblent au français, à l'anglais ou à une autre langue que tu connais.
- Repère les indications chiffrées (dates, horaires, prix…).
- Émets des hypothèses sur le sens des mots inconnus en t'aidant du contexte.

à la maison

- Relis les textes que tu as lus en classe.
- Emprunte, par exemple au CDI, des bandes dessinées ou des magazines en allemand.
- Recherche un mot dans un dictionnaire si tu ne peux pas le comprendre par d'autres moyens.

Hören

1. *Hör die vier Durchsagen und notiere die Informationen.*
   – Wo spielt die Szene? (In der Schule? Im Supermarkt? Im Jugendhaus? Im Schwimmbad? In der Bibliothek? Im Bahnhof?)
   – Um wie viel Uhr?

→ Arbeitsheft S. 100

2. *Hör das Interview mit der Journalistin von „logo" und ergänze ihre Notizen.*
   – Was macht sie? Um wieviel Uhr?

→ Arbeitsheft S. 100

– RK!
– Interview T.D.!
– R – Unesco …
– D mit Team

Lesen

3. *Lies die Liste mit den Zutaten und das Rezept. Was stimmt nicht? Notiere die Fehler.*

→ Arbeitsheft S. 100

Die Äpfel schälen und in Stücke schneiden. Die Bananen und die Kiwis schälen und in Scheiben schneiden. Den Schinken in Würfel schneiden. Die Erdbeeren waschen und in Stücke schneiden. In einer Schüssel mischen. Zitronensaft, Salz und Zucker dazu geben. Kokosraspel darüberstreuen.

4. *Lies den Text und mache den Lesetest.*

→ Arbeitsheft S. 101

Johanna ist neu in der Stadt. Sie wohnt seit September mit ihrer Mutter in einer kleinen Wohnung in Göttingen. Sie mag ihr Zimmer nicht. Es ist weiß und blau. Das findet sie nicht so schön, denn ihre Lieblingsfarbe ist orange. Aber das ist kein Problem. Eine Sache ist toll: Sie hat eine neue Freundin. Jeden Morgen geht sie mit Sophie zur Schule durch den Stadtpark. Beide Mädchen gehen in die 8b.

16

Herr Jäger ist ihr Klassenlehrer. Johanna findet ihn sehr nett. Er ist der Deutschlehrer der Klasse – und dieses Fach mag sie. Heute ist ein besonderer Tag: Johanna hat Geburtstag und Sophie organisiert ein kleines Fest in der Klasse. Um 11 Uhr kommt Johanna in die Mathestunde. Alle Schüler singen: „Zum Geburtstag viel Glück!". Johannas Herz klopft – jetzt hat sie 24 Freunde.

17

Vrai ou faux ? Réponds à chaque affirmation.

1. Johanna vient de déménager.
2. Johanna vit avec sa mère.
3. Johanna aime sa chambre.
4. Elle n'a pas d'amie.
5. L'Histoire est sa matière préférée.
6. Aujourd'hui, c'est l'anniversaire de Johanna.
7. Ses camarades de classe ne sont pas gentils avec elle.

Sprechen [Dialog]

5. Axel und Johanna sprechen von ihrem Alltag. Du spielst eine Rolle.

Axel
um 6.30 aufstehen
mit dem Fahrrad zur Schule
am Nachmittag: Handball + Hausaufgaben
am Abend: Computerspiele

Johanna
um 7.00 aufstehen
zu Fuß zur Schule
am Nachmittag: Hausaufgaben
am Abend: MSN / Musik hören

Sprechen [Monolog]

6. Erzähle von einem Wochenende in deiner Familie.

7. Erzähle von deinem Lieblingstag in der Schule.
   - Lieblingsfach / Lieblingsfächer,
   - Stundenplan,
   - Aktivitäten,
   - Freunde.

Schreiben

8. Schreibe einen kleinen Artikel zum Thema Schulfest.
   - Wann? (Jahreszeit / Tag)
   - Was kann man machen?
   - Wer kommt?
   - Welche Aktivitäten kann man organisieren?
   - Was kann man zu Essen machen?

→ Arbeitsheft S. 101

Einheit 4

Endlich Ferien!
Liebe Grüße an euch alle zu Hause!
Stadt Göttingen
Abfahrt Departure / Départ
Zeit Time/Temps
Über Via
16:42 ICE 1558 Flughafen/Airport - Mainz Hbf
16:42 RB 15654 Ffm Süd - Offenbach
16:43 RB 15186 Ffm Höchst - Hofheim (Ts)
16:45 RE 15080 Ffm West - Bad Vilbel
16:47 HLB 84246 Ffm Höchst - Kelkheim
16:50 ICE 279 Mannheim - Karlsruhe
16:50 RE 4126 Ffm West - Friedberg
16:50 RE 4544 Ffm Süd - Hanau
16:52 S 7 Niederrad - Walldorf
16:53 RE 15026 Ffm Höchst - Mainz-Kastel
16:54 ICE 723 Aschaffenburg - Würzburg
16:58 ICE 774 Kassel Wilhelmshöhe - Hannover
Hier sind eure Fahrkarten!

Stadt, Land, Welt

	Projekte
Etappe 10 **In der Stadt**	Porträt meiner Stadt
Etappe 11 **Raus aus der Stadt**	Ein Lesewettbewerb
Etappe 12 **Bald sind Ferien**	Das Spontanquiz

LERNZIELE

Hören

Comprendre des indications simples sur un itinéraire.
Comprendre des informations sur une excursion, un voyage.
Comprendre une histoire racontée dans une langue simple.

Lesen

Trouver des informations spécifiques sur un lieu.
Comprendre un texte en s'appuyant sur une histoire connue.

Sprechen [Dialog]

Demander le chemin et l'indiquer à l'aide d'une carte ou d'un plan.
Donner son avis, dire ce que l'on pense de manière simple.

Sprechen [Monolog]

Présenter sa ville ou un site à visiter.
Présenter un programme de visite.
Rendre compte en quelques phrases d'événements passés.

Schreiben

Rédiger un article sur un site, une ville.
Rédiger un bref récit de voyage.

Ganz spontan

Zwei Städte, zwei Pläne

Göttingen

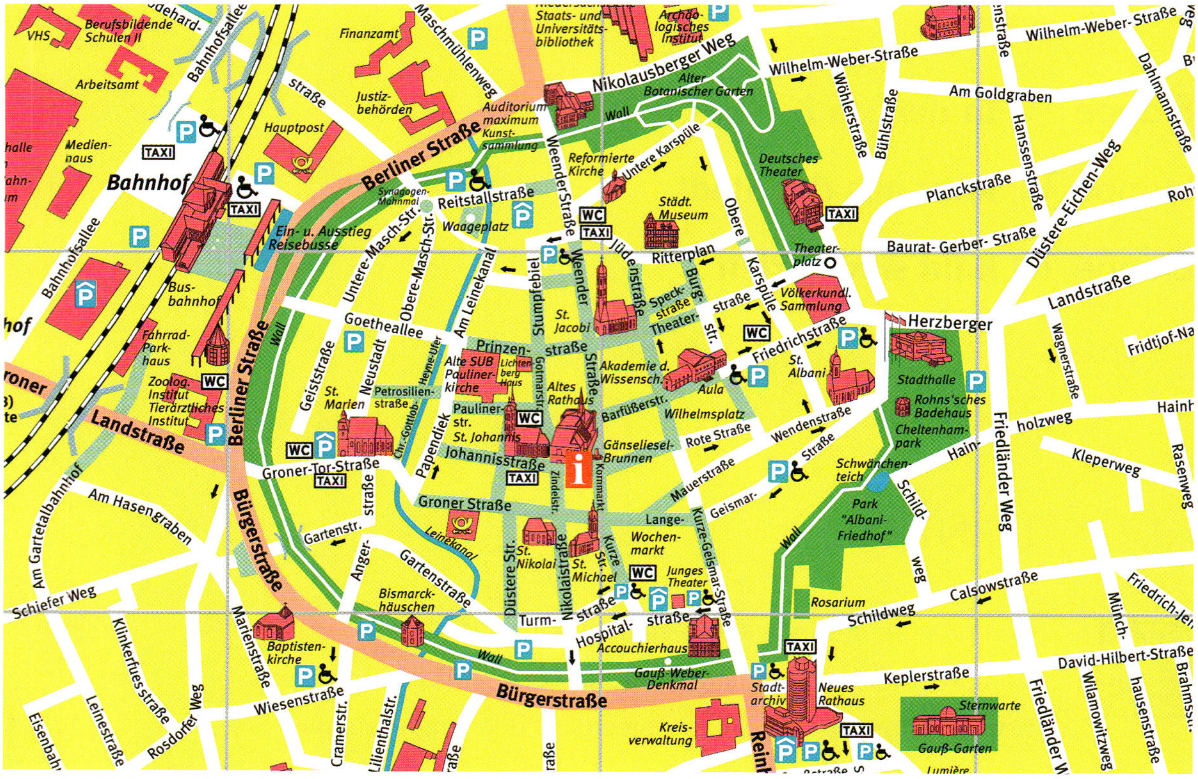

Weißwasser

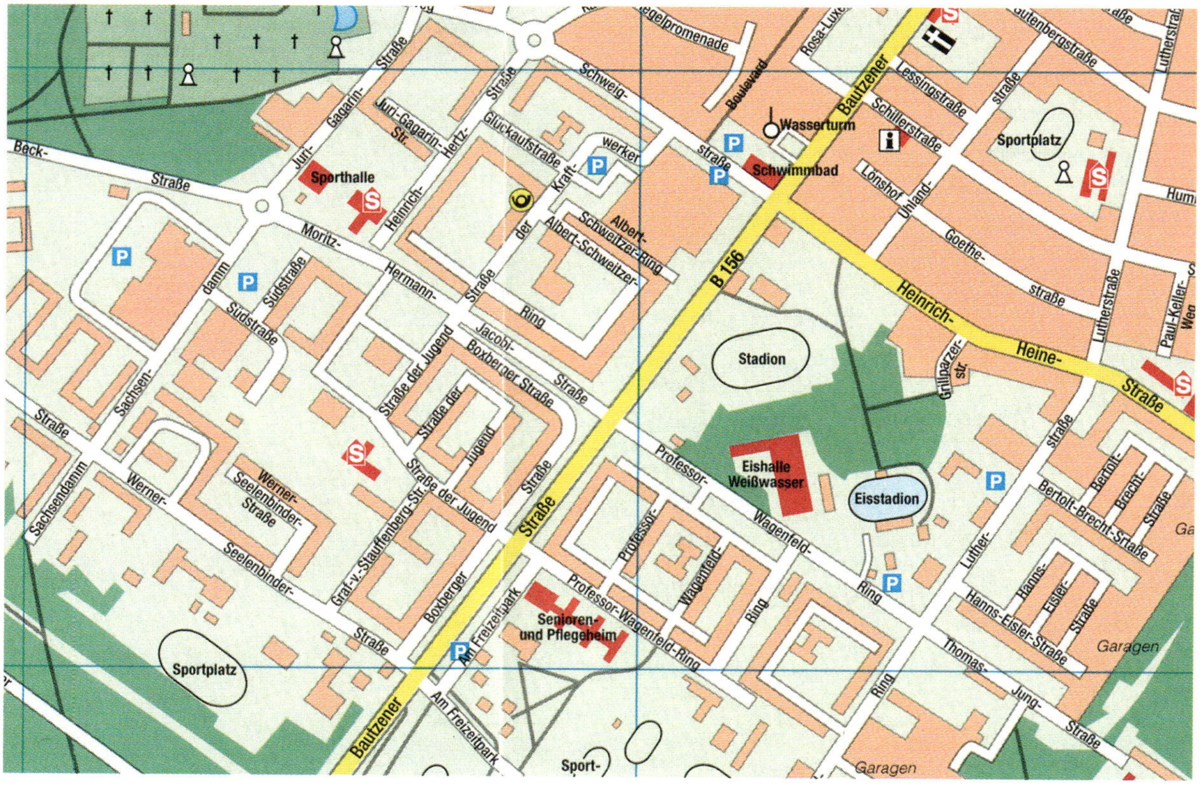

In der Stadt

Am Ende dieser Etappe schreibst du ein Porträt deiner Stadt.

1. Bilder aus der Stadt

Hören +Sprechen [Monolog]

Sieh die Fotos an und hör zu: Welche Aufnahme passt zu welchem Foto?

→ Arbeitsheft S. 102

a. Auf dem Markt

b. Am Bahnhof Göttingen

c. Im Hainberg-Gymnasium

d. In der Fußgängerzone

e. In der Stadtbibliothek

2. Das ist Göttingen!

Hören +Sprechen [Monolog]

Hör zu: Was sagt Friedrich über seine Stadt?
- Welche Orte stellt er vor?
- Welche Informationen gibt er zu ihnen?

→ Arbeitsheft S. 102

A

Das Deutsche Theater

B

Der Stadtpark

C

Das Städtische Museum

D

Die Gänseliesel

E

Die Eisdiele am Markt

F

Die Universität

3. Weißwasser: plus und minus

Lesen +Sprechen [Monolog]

Constanze, Oliver und Frau Buschmann schreiben über ihre Stadt. Lies die Texte und mache eine Liste:
+ Was ist gut? / - Was ist nicht (so) gut?

→ Arbeitsheft S. 105

An Weißwasser finde ich gut, dass wir einen Sportplatz haben, weil ich ja sehr gern Leichtathletik mache.
Auch das Eisstadion finde ich toll, da spielt unsere Eishockeymannschaft. Schade, dass wir kein Kino mehr haben und dass es auch kein großes Einkaufszentrum* gibt!

Constanze

* das Einkaufszentrum: *le centre commercial*

Weißwasser ist nicht sehr groß. Man kann nicht sehr viel machen, aber es gibt eine Schwimmhalle und mehrere Fußballplätze und... unser Gymnasium!
Es gibt auch einige Geschäfte*. Die sind nicht so interessant. Zum Einkaufen fahren wir lieber nach Dresden.

Oliver

* das Geschäft: *le magasin*

Um Weißwasser herum ist viel Natur. So haben wir einen wunderschönen Park. Es gibt auch große Seen[1]. Dort kann man im Sommer baden und surfen. Mit dem Auto ist man schnell in Dresden oder in Berlin. Die jungen Leute haben aber ein Problem: Es gibt nicht viele Jobs für sie in Weißwasser. Sie wollen nicht hier bleiben[2]. Das finde ich nicht gut.

Birgit Buschmann

1. der See: *le lac*
2. bleiben: *rester*

Sprechen [Monolog]

> Und jetzt... *Sprich über deine Stadt!*
Was findest du gut, was findest du nicht so gut?

(Folge 9) Hannes hat Geburtstag. Aber es ist ein trauriger Tag für ihn. Da ist immer noch der andere.

Ein Hannes zu viel
Folge 10

Spät am Abend liegt Hannes auf der Matratze. Es ist dunkel und völlig still im Haus, alle schlafen schon, nur er nicht. Seine Füße sind kalt, und er hat Hunger[1]. Wotan ist auch nicht da. „Ich war noch nie so allein!", denkt er.
Da klingelt sein Telefon. Hannes erschrickt[2]. Wer kann das sein?

1. der Hunger: *la faim*
2. erschrecken: *avoir peur, s'effrayer*

4. Allein in der Nacht

Lesen +Sprechen [Monolog]

Lies den Text auf S. 118. Wie fühlt sich Hannes? Notiere die Ausdrücke. → Arbeitsheft S. 106

5. Was nun?

Hören +Sprechen [Monolog]

Schritt 1 *Hör zu: (Teil 1) Was sagt Leonie?* → Arbeitsheft S. 107

Schritt 2 *Sieh dir den Plan an. Beschreibe den Weg von Hannes' Haus zur alten Schuhfabrik.* → Arbeitsheft S. 107

Schritt 3 *Hör zu: (Teil 2) Sieh wieder auf den Plan. Wo kommt Hannes hin? Was ist das Problem?* → Arbeitsheft S. 108

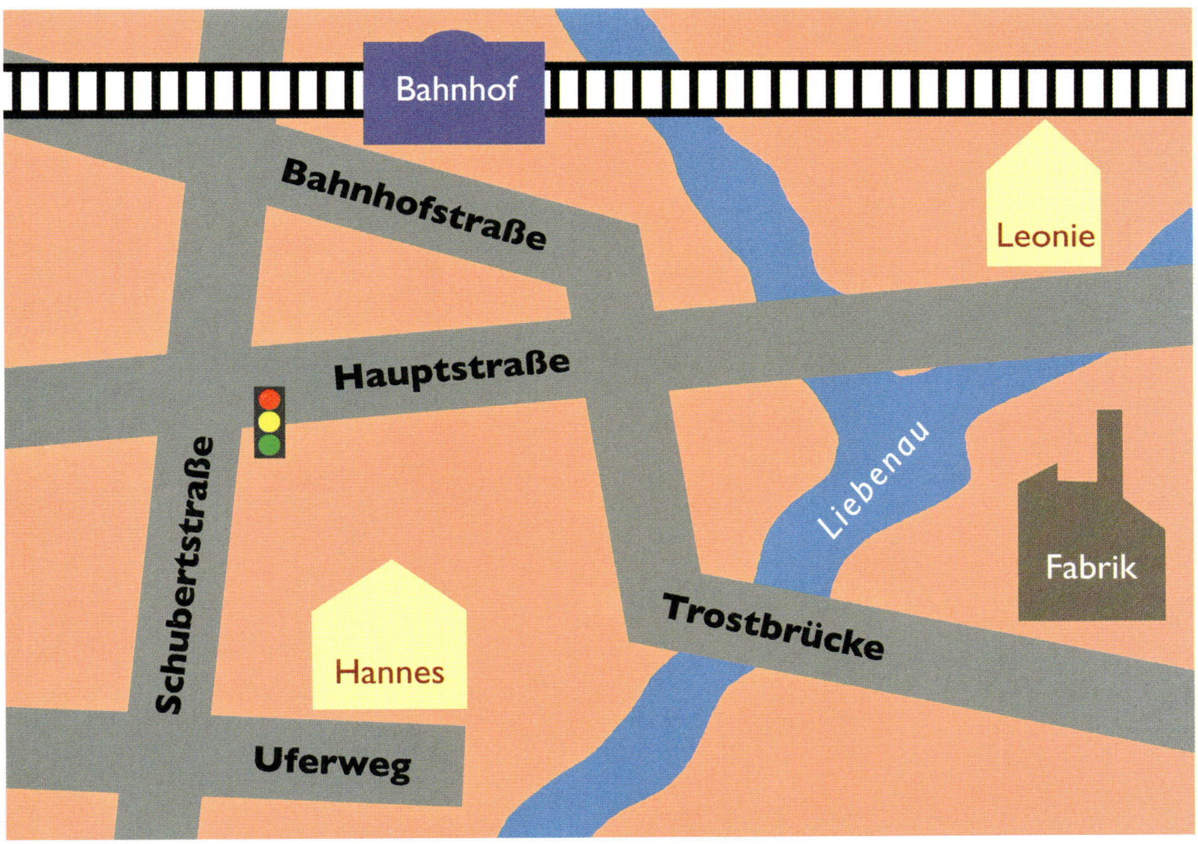

Sprechen [Dialog]

> Und jetzt… *Spielt die Szene.*

6. Zwei Städte, zwei Programme

Lesen +Sprechen [Monolog]

Schritt 1 *Bildet zwei Gruppen. Gruppe A liest die Materialien über Göttingen, Gruppe B über Weißwasser. Sammelt Informationen:*
– über die Stadt (Bundesland, Partnerstädte…),
– über die Aktivitäten für Kinder und Jugendliche. → Arbeitsheft S. 109

Schritt 2 *Jede Gruppe stellt die Stadt der Klasse vor.*

Schritt 3 *Hör zu: Von welcher Stadt sprechen die Jugendlichen?* → Arbeitsheft S. 110

Göttingen

Göttingen liegt in Niedersachsen. Die Universität ist sehr bekannt.

Bundesland	Niedersachsen
Einwohner	121.600
Partnerstädte	Cheltenham (GB), Pau (F), Torun (PL), Wittenberg (D)
Webseite	www.göttingen.de

Das Jugendtheater im Deutschen Theater

Theater für junge Leute! Dieses Jahr stehen *Oliver Twist* und *Hänsel und Gretel* auf dem Programm. Karten über unsere Webseite: www.dt-goettingen.de.
Ganz neu: der Youngsters-Club. Du bist zwischen 11 und 15? Wir proben[1] jeden Freitag. Im März kommt das Stück auf die Bühne[2]!

1. proben: *répéter* – 2. die Bühne: *la scène*

Kinderuniversität Göttingen – die Uni für Kids

Kaugummi und Coca-Cola

Kinder lieben Coca-Cola, kauen[1] Kaugummi und essen Schokolade. Aber wie stellt man das her[2]? Freitag, 8. März 17.00.

Sibirien und Alaska

In Sibirien und in Alaska ist es kalt, das weiß jedes Kind. Aber wie lebt man dort? Eine Reise in den Norden. Donnerstag, 16. Mai, 18.00.

Lebendige[3] Roboter – gibt es die?

Was können Roboter? Sind sie lebendig? Oder sind es nur Maschinen mit viel Elektronik? Freitag, 30. Mai, 17.00.

1. kauen: *mâcher* – 2. her/stellen: *fabriquer* – 3. lebendig: *vivant*

Weißwasser

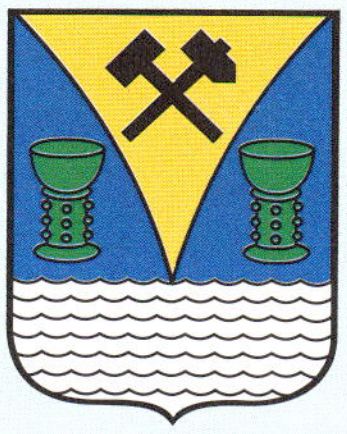

Weißwasser liegt im Bundesland Sachsen. Bis nach Polen sind es nur 20 km.

Bundesland	Sachsen
Einwohner	21.950
Postleitzahl	02943
Partnerstädte	Brühl (D), Zary (PL)
Webseite	www.weisswasser.de

Der Wasserturm – das Wahrzeichen von Weißwasser

Eishockey in Weißwasser

Eishockey hat Tradition in Weißwasser. „Lausitzer Füchse" – so heißt die Eishockeymannschaft von Weißwasser. Sie war schon immer eine Attraktion der Stadt. Im Club trainieren und spielen Jungen und Mädchen von 3 bis 18. Die Profis[1] sind nur Männer. Sie spielen in der Bundesliga[2].

1. der Profi: *le joueur professionnel*
2. die Bundesliga: *le championnat national*

Jugendkulturtag Sachsen

Jugendkulturtag in Weißwasser am 30. und 31. Mai

Du wohnst in Sachsen und spielst Theater oder tanzt in einer Gruppe? Du spielst Musik – alleine oder in einer Band? Oder du singst in einem Chor? Dein Hobby ist Hip-Hop oder Breakdance?

Dann kannst du zeigen, was du kannst. Und einen Preis gewinnen*!

Du magst Konzerte, Workshops, Theater, Straßen – und Mitmachaktionen? Dann kannst du kommen und zuhören oder mitmachen.

* einen Preis gewinnen: *gagner un prix*

Sprechen [Monolog]

> Und jetzt… *Sprich von deiner Stadt: Was können junge Leute in deiner Stadt machen?*

Grammatik

Im Kontext

Évoquer le passé avec...

Ich war noch nie so allein.

Sie war schon immer eine Attraktion der Stadt.
Wir waren da mal mit der Schule.

Bausteine

... le verbe *sein* au prétérit

ich	war
du	warst
er/sie	war
wir	waren
ihr	wart
sie	waren

Dire ce que l'on veut faire avec...

Ich will nicht mit dir reden.
Was willst du?

Sie wollen nicht hier bleiben.

... le verbe de modalité *wollen* au présent

ich will
du willst
er/sie will
wir wollen
ihr wollt
sie wollen

Donner son opinion avec...

An Weißwasser finde ich gut, dass wir einen Sportplatz haben.
Schade, dass es kein Einkaufszentrum gibt.

... la subordonnée introduite par *dass*

, dass	sujet	compléments	verbe	conjugué

Wir üben zusammen

Bilde Sätze mit A, B, C, D, E, F. Beispiel: Ich finde, dass unsere Mannschaft sehr gut ist.

A	B	C	D	E	F
finden denken	dass	meine Schule unsere Mannschaft unser Einkaufszentrum unser Kino meine Stadt unsere Häuser unsere Straße	sehr zu nicht nicht so	modern klein alt groß nett schön bekannt toll interessant ruhig	sein

Wortschatz

Meine Stadt

Orte meiner Stadt

der Park (s)
der See (n)
der Sportplatz (¨e)
das Eisstadion (en)
das Kino (s)
das Theater (-)

das Gymnasium (sien)
die Universität (en)
die Bibliothek (en)
das Museum (en)
der Marktplatz (¨e)
die Fußgängerzone (n)
das Einkaufszentrum (en)
das Geschäft (e)
die Eisdiele (n)
der Bahnhof (¨e)

Wie man durch die Stadt geht

die Brücke (n)
die Straße (n)
die Ecke (n)
nach links gehen
nach rechts gehen
durch den Park gehen
bis zur Ecke gehen
geradeaus gehen

Was man machen kann

ins Theater gehen
ins Konzert gehen
ins Kino gehen
ins Museum gehen
in die Eisdiele gehen
ins Schwimmbad gehen
Sport machen

Aussprache [ŋ]

Alle Fußgänger in Göttingen gehen über Kreuzungen.

Porträt meiner Stadt

Meine Stadt - mein Dorf: ein Porträt

Hier sind einige Rubriken. Vielleicht gibt es auch noch andere interessante Informationen.

Infos

Name

Einwohner

Département

Klima
Im Sommer:
Im Winter:

Natur (Seen, Meer, Berge...)

Interessant für Touristen (Gebäude*, Museen, Parks...)

Sportclubs?

Berühmte* Personen?

* das Gebäude: *le bâtiment*
*berühmt: *célèbre*

Macht Fotos oder klebt Postkarten (auch historische?) zu eurem Porträt! Auch das Wappen ist interessant!

Raus aus der Stadt

Am Ende dieser Etappe machst du bei einem Lesewettbewerb mit.

1. Wandertag

Sieh die Bilder an. Was möchtest du am liebsten machen? Radtour, Stadtbesichtigung, Wanderung, Stadtrallye, Schifffahrt? Hast du andere Ideen?

A

B

Unser Ausflug

C

D

E

der Wandertag:

Die deutschen Schüler machen jedes Jahr mit ihrer Klasse mehrere Ausflüge in ihrer Stadt oder in der Region.

2. Ein Klassenausflug der Freunde aus Weißwasser

Die Schüler aus Weißwasser planen einen Ausflug.

Hören +Sprechen [Monolog]

a. Vor dem Ausflug

Wie planen die Schüler den Ausflug? Hör zu: Mache dir Notizen zu diesen Punkten:

- *Wohin fahren sie?*
- *Wie kommen sie dorthin?*
- *Was wollen sie dort machen?*

→ Arbeitsheft S. 114

Im Informatikraum

In der Bibliothek

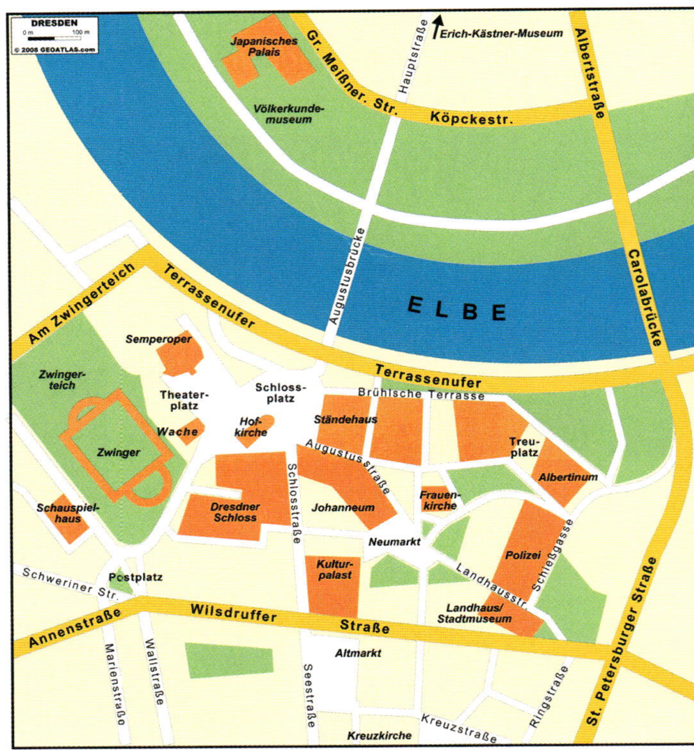

Die Bahn DB

www.bahn.de | **Fahrpläne** | Fahrkarten | Reisebüro | Angebote | Service | Int.

> **Reiseauskunft** | Ankunft/Abfahrt | Persönlicher Fahrplan | Surf&Rail | Rund um den Fahrplan

Ihre Verbindungsanfrage (einfache Fahrt)

Start und Ziel

Von: Weißwasser **Nach:** Dresden

Reisedatum und -zeit

Hinfahrt: Datum: 15.05 Uhrzeit: 8.00 (Abfahrt)

Preisangaben

Reisende: Gruppe | 2. Klasse | Einfache Fahrt

Lesen
+Sprechen
[Monolog]

b. Nach dem Ausflug

Hier ist Maxis Bericht über den Ausflug nach Dresden.

Schritt 1 *Lies den Text. Wo waren sie? Was haben sie gesehen? Suche die Orte auf dem Stadtplan.* → Arbeitsheft S. 115

Schritt 2 *Ergänze Maxis Notizen.* → Arbeitsheft S. 115

Letzten Dienstag haben wir unseren Klassenausflug gemacht. Wir sind früh am Morgen mit dem Bus nach Dresden gefahren. Die Fahrt war sehr lustig und hat zwei Stunden gedauert[1]. In Dresden haben wir zuerst das Erich-Kästner-Museum besichtigt[2]. Erich Kästner ist in Dresden geboren, er hat viele Bücher geschrieben, zum Beispiel *Emil und die Detektive*. Das Buch haben wir im Deutschunterricht gelesen. Der Besuch im Museum war sehr interessant, aber etwas lang. Dann haben wir an der Elbe gepicknickt.

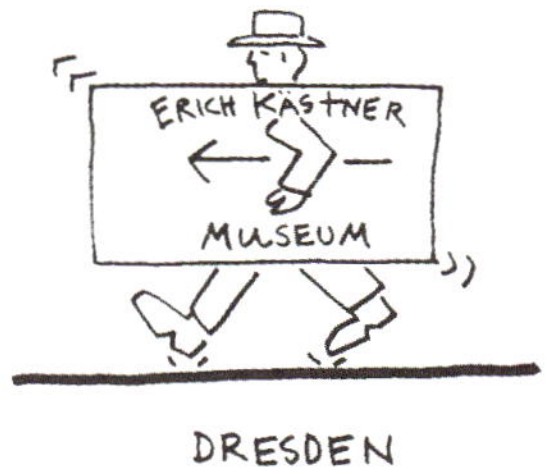

Die Semperoper

Der Zwinger

Die Frauenkirche

Am Nachmittag haben wir eine Stadtrallye gemacht. Die Semperoper, der Zwinger und die Frauenkirche waren drei Etappen. Die Fragen waren nicht immer einfach. Wir haben manchmal lange gesucht. Um 16 Uhr waren wir fertig und haben noch Souvenirs gekauft. Dann sind wir zum Bus gegangen. Gegen 18.00 Uhr waren wir wieder in der Schule. Der Tag war wirklich sehr schön!

Maxi

7.45	von der Schule abgefahren
10.00 bis 12.00	…
12.00 bis 13.00	…
13.30 bis 15.30	…
16.00 bis 16.30	…
16.30	…
18.00	in Weißwasser angekommen

1. dauern: *durer*
2. besichtigen: *visiter*

Schreiben

> Und jetzt… *Schreib einen Bericht über einen Klassenausflug. Mach dir zuerst Notizen zu folgenden Punkten: Wann? Wohin? Wie? Wie lange? Was?* → Arbeitsheft S. 115

(Folge 10) Leonie ruft Hannes an. Sie will ihn sehen. Aber es gibt ein Problem.

Ein Hannes zu viel

Folge 11

Zum Glück hat Hannes den Schlafsack. Er hat lange nach der Schuhfabrik gesucht, nun bleibt er doch lieber hier am alten Bahnhof. Es fahren keine Züge[1] mehr. Er ist ganz allein. Im alten Wartesaal[2] findet Hannes eine Bank, auf der er schlafen kann. Und in dieser Nacht träumt[3] er. Er geht mit Leonie durch den Wald. Auf einmal sehen sie ein kleines Haus. Vor dem Haus sitzt ein Affe und verkauft[4] Schokoladentorte. Hannes nimmt ein Stück Kuchen. Da hört er plötzlich die Stimme von Herrn Zahlmann: „Hannes, komm an die Tafel. Ich teile die Torte[5] einmal, dann zweimal und dann noch einmal. Wie viele Stücke sind das?" Hannes stöhnt[6] und gibt den Kuchen zurück. Herr Zahlmann lacht böse und ruft: „Komm herein mein lieber Hannes. Rechne, rechne, rechne..." Und Hannes sieht nun den falschen Hannes. Der lacht und springt und singt: „Ach wie gut, dass niemand weiß, dass ich nicht Hannes Kempmann heiß. Hahahaha!" Hannes will schreien, aber er kann nichts sagen. Da kommt eine wunderschöne Fee. Und sie spricht mit süßer Stimme: „Alles wird gut. Ich verspreche[7] es dir. Alles wird gut."

Hannes macht die Augen auf. Da steht wirklich eine wunderbare Fee. Quatsch! Da steht Frau Sommer, seine Klassenlehrerin.

1. der Zug: *le train*
2. der Wartesaal: *la salle d'attente*
3. träumen: *rêver*
4. verkaufen: *vendre*
5. die Torte teilen: *partager le gâteau*
6. stöhnen: *soupirer*
7. versprechen: *promettre*

3. Ein sonderbarer Traum

Lesen +Sprechen [Monolog]

Schritt 1 *Lies den Text auf S. 128. Realität oder Traum? Ordne die Textpassagen zu.* → Arbeitsheft S. 116

Schritt 2 *Wen trifft Hannes in seinem Traum? Wer macht etwas? Wer spricht mit Hannes? Was sagen sie? Wie reagiert Hannes?*

4. Es war einmal...

Sprechen [Monolog]

Hier sind bekannte Märchen von den Brüdern Grimm. Sieh die Bilder an. Welche Elemente sind auch in Hannes' Traum? → Arbeitsheft S. 117

Hänsel und Gretel

Dornröschen

Rotkäppchen

Rumpelstilzchen

Lesen +Sprechen [Monolog]

> Und jetzt... – *Übe mit der CD.*
– *Lies den Text vor.*

→ Arbeitsheft S. 117

5. Auf den Spuren der deutschen Märchen

Hören+ Sprechen [Monolog]

Schritt 1 *Sieh die Märchenstraße an (Städte, Märchen, Personen). Wo beginnt sie? Wo endet sie? Was kennst du?*

Schritt 2 *Hör zu: Wo sind Jan, Tom und Lisa gewesen? Was haben sie dort gemacht? Mach dir Notizen und finde die Orte auf der Karte.*

→ Arbeitsheft S. 119

6. Das Programm, bitte!

Lesen +Sprechen [Monolog]

Schritt 1 *Gruppe A liest die Broschüre A, Gruppe B liest Broschüre B. Macht euch Notizen zu folgenden Punkten: Was kann man sehen? Wann?*

→ Arbeitsheft S. 119

Schritt 2 *Die Gruppen stellen der Klasse das Programm vor.*

A

Jeden Mittwoch vom 14. Mai bis 10. September kommt der Rattenfänger mit seiner Flöte nach Hameln zurück. Das Musical beginnt um 16 Uhr 30. Mit vielen musikalischen Variationen wie Walzer, Balladen und Rap-Songs erzählt das Musical *Rats* die Geschichte vom Rattenfänger.

Rattenfängerstadt Hameln

DAUER DER VORSTELLUNG: 40 MINUTEN
EINTRITT: FREI
CD DES MUSICALS: IN DER TOURISTINFORMATION
INFORMATIONEN: www.hameln.de

B

Besichtigen Sie das Dornröschenschloss!

Hundert Jahre hat Dornröschen geschlafen. Aber Sie müssen nicht so lange warten. Kommen Sie zu uns auf die Sababurg. Wir bieten Ihnen Theater in der Burgruine und Führungen[1] im Park. Natürlich ist Dornröschen bei uns der Star! Aber auch unser Tierpark ist märchenhaft[2].

ÖFFNUNGSZEITEN DER BURG
Von April bis Oktober täglich 10 bis 17 Uhr

EINTRITT
Erwachsene und Jugendliche ab 16 Jahren .... 2,50 €
Kinder und Jugendliche (5-15 Jahre), Schüler, Studenten .... 1,50 €

MÄRCHENFÜHRUNG DURCH DEN SCHLOSSPARK „AUF DEN SPUREN VON DORNRÖSCHEN“[3]
Von April bis Oktober: mittwochs um 14.30 / sonntags um 11 Uhr
Karten: 3 € + Eintritt
Dauer: 45-60 Minuten

INFOS
www.sababurg.de

Tierpark Sababurg

ÖFFNUNGSZEITEN
April – September
8.00 – 19.00 Uhr
Oktober – März
9.00 – 17.00 Uhr

EINTRITT
Erwachsene und Jugendliche AB 16 JAHREN .... 4,50 €

1. die Führung: *la visite guidée* – 2. märchenhaft: *enchanteur* – 3. auf den Spuren von: *sur les traces de*

Sprechen [Monolog]

> Und jetzt... *Was kann man in deiner Region besichtigen? Ein Schloss, eine Burg, ein Museum, einen Park...*

Grammatik

Im Kontext

Indiquer ce que l'on doit faire avec...

Ich soll ein interessantes Museum finden.

Wir sollen Informationen über die Stadt suchen.

Bausteine

... le verbe *sollen*

ich soll
du sollst
er soll
wir sollen
ihr sollt
sie sollen

Raconter un événement passé avec...

Ich bin nach Dresden gefahren.
Die Fahrt hat zwei Stunden gedauert.
Wir sind früh am Morgen nach Dresden gefahren.

Wir haben einen Ausflug gemacht.
Wir haben eine Stadtrallye gemacht.

Frau Buschmann hat uns geholfen.
Wir sind ins Museum gegangen.

... le parfait...

sein + participe passé
haben + participe passé

... le participe passé des verbes faibles

ge + ______ + **t**

... le participe passé des verbes forts

ge + ______ + **en**

Wir üben zusammen

Bilde Sätze.

Beispiel: Ich bin ans Meer gefahren.

ich meine Klasse wir der Lehrer/die Lehrerin	haben sein	das Museum die Klassenfahrt die Radtour ans Meer in den Wald	geplant gesucht gedauert gefahren gefunden gegangen gemacht

mit System

Wortschatz

Unser Ausflug

Was wir planen

die Wanderung
die Radtour
die Stadtbesichtigung
die Stadtrallye
die Schifffahrt

Wie wir den Ausflug organisieren

sich informieren (über + Akk)
Informationen suchen
Informationen sammeln
sich um (+ Akk) kümmern

Was wir besichtigen

die Burg
das Museum
das Schloss

Wo wir die Informationen finden

im Internet
in der Schulbücherei
in Prospekten und Broschüren

Die Fahrt

mit dem Zug / mit der Bahn
mit dem Bus
mit dem Schiff
mit dem Rad

Aussprache [ts]

Zeit zum Reisen, Zug oder Bus,
jetzt oder nie, auf die Plätze, fertig los!

Lesewettbewerb

der Erzähler
der Müller
der Esel
der Hund
die Katze
der Hahn
die Räuber

Ihr lest vor!

Ihr... ... bildet Gruppen, verteilt die Rollen und übt.

Die Bremer Stadtmusikanten

Es war einmal ein sehr alter Esel.
Du bist alt und kannst nichts mehr. Ich verkaufe[1] dich.
Der Esel war sehr traurig.
Ich gehe fort! Ich gehe nach Bremen und werde Stadtmusikant!
Der Esel trifft einen Hund. Der Hund ist auch alt.
Ich bin traurig.
Komm mit nach Bremen, wir werden Stadtmusikanten!
Sie treffen dann eine Katze. Die Katze ist auch alt.
Ich kann die Mäuse nicht mehr fangen.
Die Katze ist traurig.
Komm mit nach Bremen, wir werden Stadtmusikanten.
Die drei Tiere treffen dann einen Hahn. Der Hahn ist auch alt.
Sie wollen mich essen! Ich soll in die Suppe.

Komm mit nach Bremen, wir werden Stadtmusikanten!
Nun gehen sie alle vier nach Bremen. Aber es wird Nacht. Da ist ein kleines Haus im Wald. Die Tiere gehen dahin. Im Haus sind Räuber: Sie essen und trinken.
Wir machen den Räubern Angst!
Der Esel stellt sich ans Fenster, der Hund springt auf den Esel, die Katze springt auf den Hund, und der Hahn springt auf die Katze.
Nun stehen sie alle vier vor dem Fenster und schreien.
I-a, i-a!
Wau, wau!
Miau, miau!
Kikeriki, kikeriki!
Was ist das? Oh je, oh je, oh je!
Nichts wie weg! Hilfe!!!
Hilfe! Das sind Gespenster[2]!
Die Räuber haben Angst und rennen weg.
Los, Leute: Rein ins Haus!
Im Haus ist es warm.
Oh, so viel zu essen. Lecker!
Ich habe Hunger[3]!
Ich auch!
Jetzt sind die Tiere satt und müde. Sie wollen schlafen. Sie machen das Licht aus.
Jetzt ist das unser Haus!
Hier geht es uns gut.
Hier bleiben wir.
Wir bleiben alle zusammen.
Und machen Musik.
Und wenn sie nicht gestorben sind, dann leben sie noch heute.

1. verkaufen: *vendre* – 2. das Gespenst: *le fantôme*
3. Hunger haben: *avoir faim*

Und jetzt? Jede Gruppe liest vor. Die beste Gruppe gewinnt!

Bald sind Ferien!

Am Ende dieser Etappe macht die Klasse ihr Spontanquiz.

1. Flug nach...

Hören **+Sprechen** [Monolog]

Schritt 1 *Sieh dir die Karte an. Wohin geht die Reise? Hör zu und spiel mit!*

→ Arbeitsheft S. 123

Schritt 2 *Sag du einen Flug an.*

- Flugnummer
- Stadt
- Land

→ Arbeitsheft S. 123

2. Ferienziele

Hören +Sprechen [Monolog]

Schritt 1 *Hör das Interview der Göttinger an. Mach dir Notizen zu ihrem letzten Urlaub:*
- *Wo waren sie?*
- *Wie war das Wetter?*
- *Was haben sie gemacht?*

→ Arbeitsheft S. 124

Schritt 2 *Lies die Texte: Was kann man in Korsika, in der Provence, in Kroatien oder in der Schweiz machen?* → Arbeitsheft S. 125

Korsika - Insel der Schönheit

Die Leute mögen die wunderschönen Strände[1], die strahlende Sonne und das blaue Meer! Aber hier gibt es auch Berge[2] und Wanderwege. Korsika interessiert alle.

Die Provence

Die Provence liegt im Süden Frankreichs. Es riecht hier nach Lavendel, der Himmel ist blau, das Licht ist wunderbar. Es gibt viele typische Städte und Dörfer. Cézanne hat die Provence gemalt[3].

Kroatien

Hier kann man an schönen Stränden baden. Es gibt auch große Naturparks für Wanderer. Kroatien ist ideal für Wassersport.

Die Schweiz

Im Sommer kann man hier wandern, im Winter Ski fahren. Und Schweizer Schokolade lieben Kinder und Erwachsene!

1. die Strände: *les plages* – 2. die Berge: *les montagnes* – 3. malen: *peindre*

Sprechen [Monolog]

> Und jetzt... *Wohin würdest du gern fahren? Warum? Nach Korsika, nach Kroatien, in die Provence oder in die Schweiz?* → Arbeitsheft S. 125

3. Meine letzten Ferien

Lesen +Sprechen [Monolog]

Die Schüler aus Weißwasser haben Aufsätze über ihre Ferien geschrieben.
– Wo waren sie?
– Mit wem?
– Was haben sie gemacht?

→ Arbeitsheft S. 126

In den letzten Sommerferien war ich mit ein paar Schülern aus unserem Gymnasium in England. Wir haben in Gastfamilien gewohnt und haben jeden Tag etwas zusammen gemacht. Wir waren in Südengland, direkt am Meer, und das war sehr schön. Mit meinen Eltern sind wir dann nach Bulgarien gefahren, dort gibt es Meer und Strand. Das ist toll!

Maxi

Meine Familie und ich waren an der Ostsee. Wir sind am Strand spazieren gegangen und haben Fahrradtouren gemacht. Wir haben auch einen Ausflug zum Heide-Park Soltau gemacht. Dieser Abenteuerpark ist einfach fantastisch. Es gibt eine riesige Achterbahn* und noch vieles mehr.

Anna-Maria

*die Achterbahn: *les montagnes russes*

Ich bin im Sommer mit meiner Familie nach Ägypten geflogen. Das Hotel war sehr schön und groß. Das Wetter war auch sehr schön. Es war warm und trocken. Jeden Tag bis zu 35° Grad! Wir haben natürlich die weltbekannten Pyramiden gesehen und Museen besichtigt. Das waren wunderbare Ferien!

Constanze

Schreiben

> Und jetzt… *Schreib einen Aufsatz über deine Ferien.*
Wann? (Im Sommer, im Winter, in den Sommerferien)
Wo? (Frankreich, Spanien…)

→ Arbeitsheft S. 127

(Folge 11) Hannes hat auf der Bank geschlafen. Als er aufwacht, steht Frau Sommer vor ihm.

Ein Hannes zu viel
Folge 12

A.

Frau Sommer geht mit Hannes nach Hause. Seine Eltern warten schon auf ihn. „Hannes, du bist wieder da. Wie schön!“, sagt seine Mutter. Hannes ist glücklich. Sie gehen in die Küche. Aber, oh Gott! Da ist ja immer noch der Andere! Er ist blass.
Fast kann man durch ihn die Küchenschränke[1] sehen.
Hannes bekommt Panik. Er will weglaufen.
Da klingelt es. Seine Mutter geht zur Tür.
„Guten Morgen, Herr Zahlmann.“
Oh nein, nicht auch noch das, denkt Hannes.
Da kommt seine Mutter mit dem strengen[2] Mathematiklehrer in die Küche.
„Guten Morgen“, sagt Herr Zahlmann, „wie viel ist 3504 minus…?“
Hannes möchte schreien. Der Andere lacht und sagt einfach: „3504 minus… “
Aber da sagt Frau Sommer „Stop!“

B.

Und da nimmt Hannes seine ganze Energie und denkt: „Ich will mein Leben. Ich bin hier zu Hause. Hier sind meine Eltern, meine Freunde, mein Hund!“ Von Sekunde zu Sekunde wird der Andere blasser[3].
Da klingelt es wieder: Herr Kempmann öffnet die Tür. Wotan rast in die Küche, springt an Hannes hoch und bellt. Alle schauen auf die beiden. Der Andere löst sich in Luft auf[4]. Aber das bemerkt niemand.

1. der Küchenschrank: *le placard de cuisine* – 2. streng: *sévère* – 3. blasser werden: *pâlir* – 4. sich in Luft auflösen: *(ici) se dématérialiser*

4. Hannes' Rückkehr

Lesen +Sprechen [Monolog]

Schritt 1 *Lies Text A. Wer kommt zuerst? Und dann?* → Arbeitsheft S. 128

Schritt 2 *Wie reagiert Hannes?*

Verbinde jedes Bild mit jedem Zitat. → Arbeitsheft S. 128

A

B

C

1. Frau Sommer geht mit Hannes nach Hause. Seine Eltern warten schon auf ihn. „Hannes, du bist wieder da. Wie schön!“
2. „Guten Morgen“, sagt Herr Zahlmann, „wie viel ist 3504 minus…?“
3. Der Andere lacht, und sagt einfach: „3504 minus…“

5. Endlich wird alles klar.

Hören +Sprechen [Monolog]

Hör zu. Die Lehrer und der Vater von Hannes wollen ihm helfen.
Was sagen sie zu diesen drei Punkten? → Arbeitsheft S. 129

Hannes { 1. Mathe / 2. Freunde / 3. Charakter } der Andere

6. Ende gut, alles gut!

Lesen

Lies jetzt das Ende der Geschichte (Text B). → Arbeitsheft S. 129

Sprechen [Dialog]

\> Und jetzt… *Spielt die Szene.*

7. Auch Deutschland hat Meere!

Lesen +Sprechen [Monolog]

Bildet Gruppen von drei oder vier Schülern.

Schritt 1 *Jede Gruppe wählt eine Insel – Rügen oder Sylt und sammelt Informationen. Wo liegt die Insel? Was gibt es dort? Was kann man dort machen?* → Arbeitsheft S. 130

Schritt 2 *Alle Gruppen bereiten eine Präsentation vor.*

Schritt 3 *Die Gruppen präsentieren ihre Arbeit.*

A

Rügen

Unterbringung
Die Jugendherberge Binz liegt direkt am Meer. Sie ist sehr modern und perfekt für Schulklassen und alle, die Natur lieben.

Mögliche Ausflüge
Schifffahrt zu den Kreidefelsen
Ganztägige Radtour auf der Insel
Besuch im Meermuseum Stralsund
Angeln* im Meer

Sehenswürdigkeiten
Die Kreidefelsen. Schon Caspar David Friedrich hat sie gemalt.
Der 13 Kilometer lange Sandstrand: weiß und schön!

Und...
Natürlich die Strandkörbe! Ideal zum Lesen und Sonnenbaden.

* angeln: *pêcher à la ligne*

B

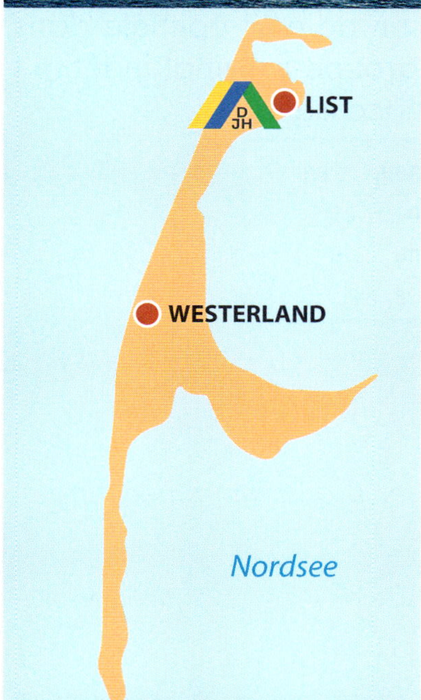

Sylt

Unterbringung

Die moderne und ruhige Jugendherberge Sylt ist die nördlichste in Deutschland. Sie hat einen eigenen Strand.

Angebot

Es gibt ein großes Freizeitangebot: z.B. ein Besuch im Freizeitbad „Sylter Welle" in Westerland. Oder Dia - und Filmvorträge zu verschiedenen Themen wie Sturmfluten*, Fauna und Flora.
Baden, aber Vorsicht: Das Baden in der Nordsee ist möglich, aber nicht ungefährlich.

Mögliche Ausflüge

Man kann auch die Insel mit dem Fahrrad entdecken oder mit dem Schiff zu den Seehunden fahren. Wir organisieren auch Tagesausflüge nach Dänemark.

Sehenswürdigkeiten

Der Leuchtturm, die roten Klippen und die tollen langen Strände.

* die Sturmflut: *le raz-de-marée*

Schreiben

> Und jetzt... *Mach eine kleine Broschüre über deinen Urlaubsort. Was gibt es da? Was kann man da machen? Wo wohnst du dort?*

Grammatik

Im Kontext

Dire où l'on va avec les prépositions...

Ich fahre nach Frankreich.
Ich fahre nach Paris.

Ich fahre in **die** Provence.
Ich fahre in **die** Schweiz.
Ich fliege in **die** USA.

Bausteine

... *nach* ou *in* (+ accusatif)

nach + nom propre sans article

in + accusatif pour les noms avec article

Qualifier un nom avec...

... un adjectif épithète dans le groupe nominal indéfini à l'accusatif

Die Jugendherberge hat einen eigenen Strand.
Es gibt ein großes Freizeitangebot.
Es gibt eine riesige Achterbahn.
Es gibt viele Möglichkeiten.

einen ... en
ein ... es
eine ... e
...e + pl.

Wir üben zusammen

Bildet Sätze. Partner A sagt, was er machen möchte. Partner B gibt ihm einen Tipp.
A: Ich möchte einen bekannten Turm sehen.
B: Dann fahr nach Paris!

ein Turm	schön	Italien
ein Schloss	bekannt	Frankreich
eine Burg	groß	England
eine Schlossruine	alt	Deutschland
ein Museum	wunderschön	die Schweiz
ein Abenteuerpark	märchenhaft	Rom
eine Pyramide	interessant	Paris
	toll	Berlin

mit System

Wortschatz

Ferien

Wohin ich gehe

Ich fahre nach Frankreich.
Ich fahre wieder in die Provence.
Wir fahren nach Korsika.
Meine Eltern wollen in die USA fliegen.
Warum nicht nach Deutschland?

Wann ich fahre / fliege

im Sommer
in den Ferien / im Urlaub
im Juli / im August…

Wie

Ich fahre (mit dem Auto / dem Zug / dem Fahrrad…)
Ich fliege (mit dem Flugzeug)

Was ich mache…

eine Postkarte schreiben
ein Museum besichtigen
Sport treiben

Wie lange ich bleibe

ein paar Tage
eine Woche / zwei Wochen = vierzehn Tage / einen Monat…

Was ich mag

das Meer / die See	baden / schwimmen
der Strand	sich bräunen / spielen
die Berge (pl.) / das Gebirge	klettern / wandern
die Stadt	besichtigen

Länder / countries

Spanien	Spain
Italien	Italy
Schweden	Sweden
Portugal	Portugal

Aussprache [ç]

Frankreich, Griechenland, Österreich –
dem reichen Scheich ist alles gleich!

Das Spontanquiz

Spontanquiz

Die Regeln:

Team A schreibt 18 Fragen zu den Etappen-Karten 1, 3, 5, 7, 9, 11 (3 pro Etappe).
Team B schreibt 18 Fragen zu den Etappen-Karten 2, 4, 6, 8, 10, 12 (3 pro Etappe).

Dann spielt ihr.

Jede richtige Antwort gibt einen Punkt.
Maximale Zeit zum Antworten: 45 Sekunden

- **1** Thema: Namen und Vornamen — Beispiel: *Wie heißt der Mathelehrer von Hannes?*
- **2** Thema: Hobbys Sport, Musik… — Beispiel: *Wer spielt Geige?*
- **3** Thema: Das mögen sie! — Beispiel: *Wer mag rosa?*
- **4** Thema: Tiere — Beispiel: *Welche Tiere sieht Hannes im Zoo?*
- **5** Thema: Familie — Beispiel: *Wie viele Schwestern hat Marlies?*
- **6** Thema: Freunde — Beispiel: *Wie heißt der Freund von Lukas?*
- **7** Thema: Der Tag — Beispiel: *Wann kommen die Nachrichten auf „logo"-TV?*
- **8** Thema: Schule — Beispiel: *Wo kauft man im Hainberg-Gymnasium etwas zu Essen?*
- **9** Thema: Feste — Beispiel: *Wann hat Oliver Geburtstag?*
- **10** Thema: Die Stadt — Beispiel: *Wo gibt es eine Universität für Kinder?*
- **11** Thema: Ausflüge & Märchen — Beispiel: *Wer verkauft in Hannes' Traum Schokoladentorte?*
- **12** Thema: Ferien — Beispiel: *Welche deutschen Inseln kennst du?*

Achtung!!!
Die Beispiele werden nicht als Fragen akzeptiert!

MEINE BILANZ & STRATEGIEN

Je peux comprendre des indications simples pour me rendre d'un point à un autre.

Je peux comprendre des informations sur une excursion, un voyage (moyens de transport, lieux, horaires, activités, visites).

Je peux comprendre une histoire racontée dans une langue simple, en particulier la succession des événements, les actions des personnages…

Je peux trouver des informations pratiques sur un lieu (un site, un musée, une ville…).

Je peux comprendre un épisode un peu plus complexe d'une histoire en m'appuyant sur les éléments connus.

Je peux demander mon chemin ou l'indiquer à l'aide d'une carte ou d'un plan.

Je peux donner mon avis de manière simple sur une visite, une excursion…

Je peux présenter une ville ou un site à visiter.

Je peux présenter un programme de visite en indiquant l'horaire, le moyen de transports, les activités.

Je peux rendre compte en quelques phrases d'événements passés (hier, la semaine dernière).

Je peux rédiger un article sur un site, une ville.

Je peux rédiger un bref récit de voyage.

STRATEGIEN

Pour faire des progrès en expression écrite :

à l'école

- Lis attentivement la consigne pour définir le type de texte que l'on te demande (lettre, courriel, rédaction…).
- Note quelques idées avant de rédiger en faisant appel à ce que tu sais déjà exprimer en allemand.
- Relis l'ensemble du texte pour vérifier l'ordre des mots, la conjugaison, l'orthographe… Fais attention aux mots qui prennent une majuscule.

à la maison

- Vérifie en cas de doute l'orthographe, le genre et/ou le sens d'un mot dans un dictionnaire.
- Écris avec soin, utilise un brouillon si nécessaire.
- Fais-toi un carnet personnel avec des phrases et des expressions.
- Prends modèle sur les textes du manuel qui traitent du même sujet.
- Échange des courriels avec un correspondant de langue allemande.

Hören

1. *Hör zu und zeichne den Weg. Wo kommst du hin?* → Arbeitsheft S. 133

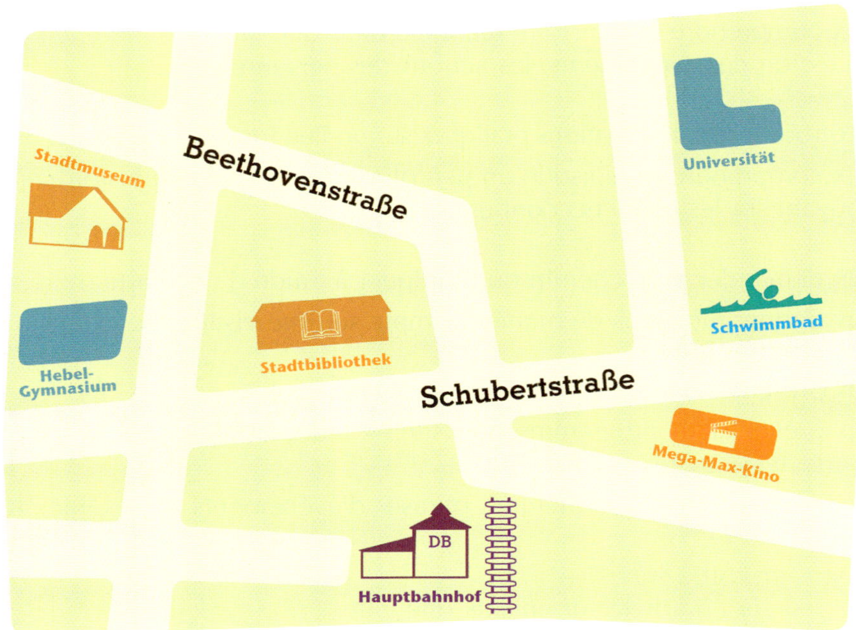

2. *Hör das Interview an und notiere die Informationen. Wo waren die Schüler? Was haben sie gesehen? Was haben sie gemacht?* → Arbeitsheft S. 133

Lesen

3. *Lies und such die Informationen. Wie heißt die Stadt? Wie kann man die Stadt besichtigen? Was ist das Thema? Wer kann es machen? Was kostet es? Wann kann man es machen?* → Arbeitsheft S. 134

Aachen ist die Stadt von Karl dem Großen. Alle kennen seine Geschichte. Die Franzosen zum Beispiel sagen, dass er die Schule erfunden[1] hat. Mit der Stadtrallye können junge Leute die Stadt und ihre Sehenswürdigkeiten entdecken.

Es gibt eine Rallye für Kinder von acht bis zwölf Jahren. Sie dauert 2 Stunden und kostet 5 €.

Für Jugendliche ab 13 Jahre gibt es die „Große Stadtrallye". Sie beginnt jeden Samstag um 9 Uhr 30 und dauert 3 Stunden. Diese Rallye kostet 7 € pro Person.

Zwei Studenten kümmern sich um jede Gruppe. Sie kennen die Geschichte von Karl dem Großen gut. Sie erzählen Anekdoten über sein Leben. Besonders interessant ist natürlich der Dom[2] mit dem Thron.

1. erfinden (a-u): *inventer*
2. der Dom: *la cathédrale*

4. Du (Partner A) bist in einer deutschen Stadt und suchst nach dem Weg. Partner B beschreibt den Weg.

Das Rathaus

Ausgangspunkt: Hauptbahnhof
Ziel: das Rathaus

*Hbf: der Hauptbahnhof

5. Welche Ferien waren besonders schön? Erzähle!
- *Urlaubsziel*
- *Monat / Jahreszeit*
- *Aktivitäten*
- *Essen*
- *Wetter*

…

6. Schreib einen Text über deine Stadt.
- *Was du magst,*
- *Was du nicht so magst.*

→ Arbeitsheft S. 134

Spontan auf der Insel

1. Fragen

Wie heißt die Insel?
Wie viele Leute leben hier?
Welche Sprache(n) sprechen die Menschen?
Wie ist das Wetter? Gibt es vier Jahreszeiten?
Ist es oft warm, kalt, regnet es viel...?

2. Identitäten

Jeder Schüler hat einen Namen, ein Alter, einen Beruf oder ist Schüler oder Student, Hobbys, Freunde, Tiere...
Tipp: Macht Familien!

3. Poster

Schreibt die Informationen zur Insel und die Stammbäume der Familien auf ein Poster.

> Und jetzt... *Spielt!*
Hier ein paar Situationen – es gibt viele andere!

Inseletappe **1**

Der Fremde

Was ist das? Am Strand liegt ein fremder Mann. Er schläft... Alle kommen... Wer ist das?

Inseletappe **2**

Ein Sportturnier

Ein Turnier, das ist die Idee! Aber wer spielt Fußball oder Volleyball, wer spielt Handball oder Tennis?

Inseletappe **3**

Eine Talkshow

Im Insel-TV wird diskutiert:
Wer mag was? Die Tops und Flops...

Inseletappe **4**

Im Inselzoo

Der Inselzoo macht ein großes Fest... alle planen und diskutieren... auch die Tiere!

Inseletappe **5**

Ein Familientreffen

Die ganze Insel kommt zum großen Treffen.
Ist das mein Bruder? Oder dein Cousin? ...

Inseletappe **6**

Freunde helfen!

Sturm* auf der Insel! Hilfe muss her: Die Freunde telefonieren... und organisieren eine Aktion.

Inseletappe **7**

Ein ganz normaler Tag...

Aufstehen, frühstücken, in die Schule oder zur Arbeit gehen...

Inseletappe **8**

Projekttag in der Inselschule...

Die Inselschule organisiert einen Projekttag. Schüler und Lehrer zeigen ihre Talente.

Inseletappe **9**

Geburtstag...

Wer hat heute Geburtstag? Oder ist etwa Weihnachten? Oder Ostern? Wir machen ein Fest!

Inseletappe **10**

Stadtführung

Die Hauptstadt der Insel ist sehr interessant – es gibt hier viel zu sehen und zu erzählen!

Inseletappe **11**

Ausflug...

Die Inselbewohner organisieren einen Ausflug.

Inseletappe **12**

Ferien von der Insel

Auch die Inselbewohner machen mal Ferien.
Wo fahren sie hin?

* der Sturm: *la tempête*

Seite 9, **1. Hallo!**
Hallo, ich bin Jana.
Mein Name ist Leo, und das ist Jonathan.
Guten Tag. Ich heiße Natascha.
Hi! Ich bin der Alex.

Seite 10, **2. Die 5 aus Göttingen**
– Hallo, mein Name ist Lukas Steuernagel. Ich bin dreizehn Jahre alt und gehe auf das Hainberg-Gymnasium in Göttingen in die Klasse 7d.
– Mein Name ist Annemarie Schmidt-Hurtienne, ich bin dreizehn Jahre alt, gehe aufs Hainberg-Gymnasium in Göttingen und wohne in Herberhausen.
– Mein Name ist Valerian Schuster. Ich wohne in Diemarden. Ich bin dreizehn Jahre alt und gehe aufs Hainberg-Gymnasium in die 7d.
– Hallo, ich heiße Annika Schweda, ich bin 13 Jahre alt, wohne in Rosdorf und gehe auch aufs Hainberg-Gymnasium in die siebte Klasse.
– Mein Name ist Marlies Schneller, ich bin 13 Jahre alt, wohne auch in Rosdorf, und gehe auf das Hainberg-Gymnasium in Göttingen in die 7d.

Seite 13, **5. Na so was!**
– Hallo Hannes, du bist doch Hannes Kempmann, oder?
– Ich bin hier, ich bin auch da.
– Guten Morgen, Herr Zahlmann!
– Guten Morgen, Frau Kollegin. Nanu, wer ist das denn?
– Hey, guck mal, da ist noch ein Hannes!!!
– Wie heißt du?
– Na, Hannes...

Seite 17, **1. Sport oder Musik?**
Schieß Marlies!
6-2, 6-4 für Vali. Du hast Aufschlag!

Seite 17, **1. Sport oder Musik?**
Liebe Schüler! Hier am Hainberg-Gymnasium machen viele Schüler Sport oder Musik.
Wir haben ein Orchester und eine Bigband. Viele Schüler spielen Flöte, Gitarre oder Klavier. Wir suchen auch noch andere Instrumente.
Es gibt auch viele Sport AGs: Basketball, Volleyball und Tischtennis sind die Tops! Aber auch Fußball-Fans finden bei uns eine Mannschaft. Und dann gibt es natürlich auch noch die Informatik-AG.

Seite 18, **3. Noch mehr Hobbys**
– In meiner Freizeit höre ich gern Musik oder spiele am Computer. Aber ich fahre auch gern Fahrrad.
– Ich höre auch gern Musik in meiner Freizeit und spiele am Computer. Aber außerdem habe ich noch Handballtraining, donnerstags um halb sechs bis sieben und spiele Klavier montags von Viertel nach sechs bis sieben. Und wir sind noch beide bei den Pfadfindern.
– Ich spiele Saxofon und Gitarre. Saxofon habe ich montags von halb fünf bis Viertel nach fünf. Gitarre habe ich jede zweite Woche donnerstags von Viertel nach sechs bis acht. Dann spiele ich ... Ich spiele Saxofon seit drei Jahren und Gitarre seit knapp einem Jahr. In meiner Freizeit spiele ich außerdem noch Tennis und Badminton. Badminton habe ich montags von 18 Uhr bis 20 Uhr und Tennis habe ich am Mittwoch von drei bis vier Uhr.
– Das hier ist Prinz, er ist zwölf Jahre alt. Ich reite jetzt seit ungefähr 6 Jahren, habe so freizeitmäßig vor 8 Jahren angefangen. Ich reite gerne, weil ... es ist ein anderes Gefühl, also man ist nicht so festgeklebt auf dem Boden, sondern man fliegt eher und man ist mit dem Pferd zusammen unterwegs und nicht alleine. Ich reite auch gerne mal Turniere.
– Mein Hobby ist Tischtennis spielen. Ich spiele seit einigen Monaten im Verein, und ich spiele immer donnerstags von achtzehn bis zwanzig Uhr und manchmal auch montags von 18 bis 20 Uhr. Außerdem spiele ich noch Flöte.

Seite 18, **4. Eine aktive Woche**
– Ich höre auch gern Musik in meiner Freizeit und spiele am Computer. Aber außerdem habe ich noch Handballtraining, donnerstags um halb sechs bis sieben und spiele Klavier montags von Viertel nach sechs bis sieben. Und wir sind noch beide bei den Pfadfindern.
– Ich spiele Saxofon und Gitarre. Saxofon habe ich montags von halb fünf bis Viertel nach fünf. Gitarre habe ich jede zweite Woche donnerstags von Viertel nach sechs bis acht. Ich spiele Saxofon seit drei Jahren und Gitarre seit knapp einem Jahr.
– In meiner Freizeit spiele ich außerdem noch Tennis und Badminton. Badminton habe ich montags von 18 Uhr bis 20 Uhr und Tennis habe ich am Mittwoch von drei bis vier Uhr.
– Mein Hobby ist Tischtennis spielen. Ich spiele seit einigen Monaten im Verein und ich spiele immer donnerstags von achtzehn bis zwanzig Uhr und manchmal auch montags von 18 bis 20 Uhr. Außerdem spiele ich noch Flöte.

Seite 28, **2. Fan oder nicht?**
– Was ich mag? Ich mag Musik, ich esse gern Nudeln, mag Jeans und in der Schule Englisch und Ethik.
– Ich mag Hip-Hop und beim Essen Pizza und Pasta. Ich mag auch PC-Spiele.
– Ich mag gern Nudeln, Leichtathletik, Jeans, Longshirts und Mathe und Kunst!

Seite 28, **2. Fan, oder nicht?**
– In meiner Freizeit lese ich gern oder spiele Akkordeon.
Ich höre auch oft Musik. Mein Lieblingsessen ist Milchreis und Nudeln mit Bolognese. Ich esse aber keinen Fisch. Meine Lieblingsfarben sind blau und orange. Ich trage gern Jeans, Sneaker und T-Shirts und Pullover. In der Schule mag ich Englisch und Ethik.
– Meine Favoriten sind: in der Musik Hip-Hop und beim Essen Pizza und Pasta, mein Lieblingsfach in der Schule ist Sport und zu Hause mache ich gern PC Spiele. Was ich gar nicht mag, ist Mathe!
– Meine Tops sind die Fächer Sport und Chemie. Beim Essen: Spinat, Nudeln mit Tomatensauce und Döner. Die Tops bei den Hobbys: Leichtathletik und mit Freunden zusammen Sachen machen. Die Tops in Sachen Mode sind Röhrenjeans, Long Shirts... Und nun zu den Flops: Beim Essen sind es Eintopf und Erbsen. In der Schule sind die Flops die Fächer Geschichte und Physik. Die Flops bei den Hobbys: Ballett und Mangas lesen.

Seite 44, **2. Alle unsere Tiere**
– Das ist hier eine von meinen zwei Rennmäusen. Sie heißt Snoopy und die andere heißt Capri. Sie ist zwei Jahre alt und die andere ist schon drei. Sie leben in dem Käfig, sind sehr süß, aber ziemlich ängstlich.
– Ich habe ein Kaninchen, das ist schwarz, also hat ein schwarzes Fell und ist sehr lieb.
– Ich habe mehrere Fische, die sind rot, ich mag es, ihnen zuzugucken.
– Ich habe zwei Hunde Floh und Ivy. Floh haben wir schon seit drei Jahren und Ivy seit einem Jahr. Ich gehe gern mit ihnen spazieren und spiele auch gern mit ihnen.
– Ich habe eine Katze, sie hat ein schwarzweißes Fell, ist zwei Jahre alt. Sie heißt Ratz.

Seite 49, **7. Noch Fragen?**
– Guten Tag Herr Dörflein.
– Guten Tag.
– Wie geht es Knut?
– Gut. Er ist gesund und froh.
– Wer sind Knuts Eltern?

– Knuts Papa ist Lars. Er ist fünfzehn Jahre alt, und seine mit Mama ist Tosca. Sie ist zwanzig Jahre alt.
– Was ist Knut für Sie? Adoptivsohn? Eisbär?
– Er ist und bleibt ein Tier. Aber klar, die Zeit ist intensiv. Ich bin ja quasi rund um die Uhr mit Knut zusammen, ich kenne ihn wirklich gut.
– Sie machen viel mit Knut. Was sind die originellsten Dinge?
– Ich spiele Gitarre für ihn und singe ihm Lieder von Elvis Presley vor.
– Sie sind jetzt auch berühmt. Finden Sie das gut?
– Nein. Interviews sind mir eher lästig[1]. Aber die Videos mit Knut, die gucke ich mir immer wieder gerne an. Man vergisst ja so viel.
– Heben Sie etwas auf[2] zur Erinnerung?
– Die schönsten Fotos natürlich. Wenn ich mal einen Milchzahn finde, hebe ich den auch auf. Aber die sind ganz grau, so schön sind die nun auch nicht.
– Würden Sie wieder Bären-Papa werden?
– Naja. Vielleicht. Aber so was wie mit Knut gibt es nicht nochmal.

[1] lästig: *pénible*
[2] auf/heben: *conserver*

Seite 53, **1. Familienfotos**

Marlies: Das ist meine Mutter, sie heißt Astrid.
Astrid: Hallo!
Marlies: Das ist Lea, sie ist zehn Jahre alt…
Lea: Hallo!
Marlies: … meine Schwester. Außerdem habe ich noch einen Vater, der heißt Michael und eine noch kleinere Schwester, die heißt Emma und ist ein Jahr alt.

Seite 57, **Ein Hannes zu viel, 2.**

– Kempmann
– Hallo, Herr Kempmann, hier ist Leonie.
– Hallo, Leonie, du willst ja sicher mit Hannes sprechen. Soll ich ihn rufen?
– Nein, nein, nicht.
– Was ist denn los?
– Ich glaube… also… ich meine…
– Ja, was denn?
– Also, Wotan ist hier.
– Oh, da bin ich aber erleichtert. Ich sage es Hannes gleich, der kommt gar nicht mehr aus seinem Zimmer. Du weißt ja, wie lieb er den Hund hat. Und ... und... deshalb war...
Herr Kempmann, bitte glauben Sie mir. Das klingt jetzt verrückt, was ich Ihnen sage, aber...
– Aber?
– Kempmann.
– Regine, ihr müsst bitte sofort kommen.
– Was ist denn los?
– Hannes ist weg.
– Wir kommen!

– Hallo.
– David, hier ist Stefanie. Bitte komm sofort.
– Ach, was ist denn los, Schwesterlein?
– Hannes ist weg.
– Ich komme.

Seite 64, **2. Wir sind Freunde!**

– Marlies und ich, wir kennen uns jetzt seit drei Jahren. Und wir sind zusammen mit unseren Familien in Urlaub gefahren, nach Korsika, und dann treffen wir uns nachmittags, manchmal.
– Ja, und wir sind auch zusammen bei den Pfadfindern. Und wir kennen uns so gut, weil wir zusammen in die Klasse gehen, schon seit der fünften Klasse.
– Und ich mag so gern an Marlies, dass sie so nett und sympathisch ist.

– Das ist meine Freundin Katharina. Ich nenne sie auch Kathi. Sie ist meine beste Freundin, weil wir viel zusammen unternehmen. Also, wir reiten oft, oder gehen ins Kino oder auch einfach nur shoppen. Und sie ist immer da für mich, wenn ich sie brauche, auch wenn wir uns streiten.
– Ja, das ist meine Freundin Annemarie, ich nenne sie gern Anne. Ich mag sie, weil ... wir können gut zusammen lachen, und wir gehen gerne zusammen reiten. Wir gehen auch shoppen. Und was ich nicht so an ihr mag, ist dass sie manchmal etwas zu frech ist.

– Das hier ist mein Freund Lukas, wir kennen uns seit der dritten Klasse, also seit 5 Jahren. Wir spielen häufig miteinander und treffen uns auch häufig[1]. Außerdem helfen wir uns bei Hausaufgaben.
– Wir spielen auch noch ein Rollenspiel miteinander und mit einigen anderen Freunden. Außerdem treffen wir uns hin und wieder, um für Arbeiten zu lernen.

[1] häufig: *souvent*

Seite 79, **1. Rund um die Uhr**

– Guten Morgen. Es ist 7 Uhr. Sie hören die Nachrichten.
– Auf Gleis 4 fährt nun ein der Intercity Express Heinrich Heine. Ankunft 16 Uhr 39, Abfahrt 16 Uhr 44.
– Sie haben eine neue Nachricht. Heute um 11 Uhr 25: Hallo Oliver, hier ist Sebastian. Ich kann heute leider nicht zum Training kommen. Ruf mich einfach zurück.
– Oh, gleich 8 Uhr. Mach mal das Fernsehen an. Jetzt kommen die Nachrichten. „Guten Abend meine Damen und Herren.“

Seite 81, **3. Ein Tag bei uns**

– Der Wecker klingelt jeden Morgen um 7. Das ist der Horror!
– Also, ich gehe jeden Morgen als erste ins Bad. Ich dusche zuerst warm und dann kalt. Das macht fit!
– Ich mag, wenn es morgens gut nach Kaffee riecht. Wir frühstücken immer zusammen. Das find ich schön.
– Ich bin Redakteurin bei der Zeitung hier in Weißwasser.
Der Job macht mir sehr viel Spaß. Das ist wirklich unheimlich interessant.
– Bis eins bin ich in der Schule. Ich gehe eigentlich gern in die Schule. Da sehe ich auch meine Freunde.
– Am Freitag gehe ich nach der Arbeit noch in den Supermarkt für die Familie einkaufen. Das ist immer ein ganz schöner Stress.
– Manchmal muss ich am Abend noch Hausaufgaben machen. Das finde ich dann überhaupt nicht gut.
– Abends sehe ich immer die Tagesschau. Manchmal kommt Annekatrin dazu. Ich finde es gut, dass sie sich für die Nachrichten interessiert.
– Vor dem Schlafen lese ich immer noch ein bisschen. Das liebe ich. Aber dann so gegen 11 mache ich das Licht aus.

Seite 84/85, **5. Ein Tag bei „logo“-TV**

Foto 1
Hallo, ich bin Sophie. Ich bin Kinderreporterin hier bei „logo“-TV.
Die machen Nachrichten für Kinder. Heute bin ich einen Tag in der Redaktion.
Kommt mal mit. Hier sind die Reporter bei der Konferenz. Sie sprechen über die neuen Themen, und was jeder heute macht. Die Konferenz ist wichtig. Alle sind konzentriert. Hier lesen sie auch die E-Mails von den Zuschauern.
Foto 2
– Na, Jörg, was ist denn dein Job bei „logo“?
– Ich bin Cutter.
– Was ist denn das?
– Ich schneide die Filme.
Foto 3
– Anja, du bist ja immer noch am Computer!
– Na, Sophie, ich bin eben die Moderatorin. Ich schreibe meine Texte. Meine Texte müssen gut sein - interessant... Und lustig!
– Das stimmt. Dich sieht man ja die ganze Sendung.

Foto 4
– Was machst du denn hier?
– Wir brauchen für jede Sendung Zeichnungen. Die mache ich. Ich zeichne auch Gunnar.
– Wer ist Gunnar?
– Unser Maskottchen! Gunnar ist ein Zebra und immer dabei!

Foto 5
Hier sitzt unser Redakteur Sven. Er ist fertig mit seinem Text. Jetzt spricht er ihn.
Die Tonspur wird direkt mit dem Film zusammen aufgenommen.

Foto 6
Hier sitzen die Techniker im Regieraum. Noch neun Sekunden. Dann sind wir live dabei. Da gibt es viel zu kontrollieren. Das sieht sehr kompliziert aus.

Foto 7
Hallo liebe Zuschauer. Hier ist „logo"-TV mit den Nachrichten! Auf dem Programm stehen heute...

Foto 8
– Und was macht Gunnar? Na, dem geht's ja gut! Gunnar, sag unseren Zuschauern mal „Tschüs!". Sophie, sagst du auch mal „Tschüs!"?
– So ein Tag im Fernsehen ist ganz schön anstrengend... Aber toll! Ich komme bald wieder. Tschüs Anja, und bis bald!

Seite 90/91, **2. Ein Tag am Hainberg-Gymnasium**
– In Französisch, da fängt die Stunde oft mit einem Spiel an. Das finde ich ganz lustig. Bei den Vokabelspielen ist Vali immer der Beste.
– In Geschichte lesen wir oft lange Texte. Das ist manchmal ein bisschen langweilig...
– Am Kiosk gibt es wirklich leckere Brötchen. Man kann dort auch Süßigkeiten oder was zu Trinken kaufen.
– In Deutsch habe ich meistens gute Noten. Schreiben macht mir Spaß. Ich lese auch sehr gerne. Und unsere Lehrerin ist ganz nett!
– Annemarie spielt beim Schulkonzert ein Geigensolo. Das Konzert ist jedes Jahr im Mai. Ich singe im Chor mit.
– Herr Schmidt ist unser Klassenlehrer. Wir haben ihn in Englisch und Sport. In der Klassenstunde sprechen wir über Projekte und Probleme.
– Sport ist mein Lieblingsfach. Ich spiele natürlich am liebsten Basketball. Aber Fußball und Turnen macht mir auch Spaß.
– Nach der sechsten Stunde ist die Schule aus. Dann fahre ich mit dem Bus nach Hause.

Seite 93, **3. In der Mathestunde**
– Guten Morgen alle zusammen! Hannes, kommst du bitte mal an die Tafel?
– O je, armer Hannes...
– Also, Hannes. Löse bitte folgende Aufgabe: Die Mutter ist fünfmal so alt wie ihre Tochter. Der Opa ist zehnmal so alt wie die Tochter und lebt schon 28 Jahre mehr als Mutter und Tochter zusammen. Wie alt sind die drei Personen?
– Na, die Tochter ist 7, die Mutter ist 35 und der Opa ist 70 Jahre alt.
– Ja, sehr gut, Hannes! Richtig! Ich bin sehr zufrieden mit dir. Mach weiter so. Habt ihr anderen das auch alle verstanden?
– Was ist das denn?
– Der Hannes kann doch gar kein Mathe. Der hat doch noch nie eine Aufgabe an der Tafel gelöst. Was ist denn mit dem passiert?
– Mensch, Hannes, wie hast du denn das gemacht?
– Was hast du denn, Mathe ist doch mein Lieblingsfach!

Seite 94, **Was sagt der Sportlehrer?**
Guten Tag, ich heiße Hans-Werner Schmidt, und ich bin Englischlehrer und Sportlehrer am Hainberg-Gymnasium in Göttingen. Wir haben sechs Gymnasien in Göttingen. Alle Gymnasien unterrichten einige Fächer in zwei Sprachen: bilingual.
Wir unterrichten am Hainberg-Gymnasium Geschichte, Politik und Sport auf Englisch. Für einige Klassen, nicht für alle Klassen. Das macht den Schülern sehr viel Spaß, und sie lernen, mit Fremdsprachen normal umzugehen, in ganz normalen Situationen.

Seite 99, **1. Ein Jahr, viele Feste**
Prosit Neujahr!
Frohes Neues Jahr!
Zum Geburtstag viel Glück!
Alles Gute zum Geburtstag!
Herzlichen Glückwunsch!
Frohe Weihnachten!

Seite 100, **2. Alles Gute zum Geburtstag!**
– Du, Constanze, wann hast du Geburtstag?
– Mein Geburtstag ist im Herbst. Da regnet es leider oft. Meine Fete mache ich zu Hause.
– Und du, Sebastian?
– Ich habe im Frühling Geburtstag. Da ist es schon warm, wir können draußen sein.
– Und du, Annekatrin?
– Ich habe im Winter kurz vor Weihnachten Geburtstag. Für die Geschenke ist das aber nicht sehr gut.
– Und du, Anna-Maria?
– Ich bin auch im Winter geboren. Aber da ist Karneval.
– Und du, Maxi, wann ist dein Geburtstag?
– Ich habe gleich nach Weihnachten Geburtstag. Es schneit manchmal, aber das ist schön.
– Und dein Geburtstag, Oliver, wann ist der?
– Mein Geburtstag ist im Sommer, das finde ich gut, da haben wir oft noch Sommerferien und es ist schön draußen.

Seite 115, **1. Bilder aus der Stadt**
– Auf Gleis 4 fährt nun ein der Intercity Express Heinrich Heine. Sie erhalten Anschluss an die Regionalbahn nach Kassel, Abfahrt 16 Uhr 33 auf Gleis 7...
– Hey, Vorsicht! Hier darfst du nicht reinfahren. Das ist für Autos verboten!
– So, gib mir mal eben deinen Leseausweis. Du kannst die Bücher für drei Wochen behalten.
– So... Guten Morgen alle zusammen. Wir korrigieren zuerst einmal die Hausaufgaben.
– Ein Kilo Kirschen heute nur für 4 Euro 70!

Seite 116, **2. Das ist Göttingen!**
Das hier ist das deutsche Theater. Meine Eltern haben ein Abonnement. Sie gehen zweimal im Monat ins Theater. Es gibt auch Jugendtheater, da gehe ich hin.
Der Stadtpark ist nicht weit von der Schule. Da muss ich durch, wenn ich in die Stadt will.
Das ist ein Heimatmuseum, da war ich einmal mit der Schule. Da gibt es viele Möbel und Bilder und so was.
Die Gänseliesel ist eine Figur aus den Märchen von den Brüdern Grimm. Sie steht auf dem Marktplatz vor dem Rathaus. Das ist etwas für die Touristen.
Die Eisdiele am Markt ist die beste in der ganzen Stadt. Da holen wir uns manchmal ein Eis nach der Schule.
Da ist die Uni. Da studiert mein Bruder Biologie. Die Universität hat eine lange Tradition und ist sehr bekannt.

Seite 119, **5. Was nun?**
Teil 1
– Hallo, Hannes, hier ist Leonie.
– Was willst du, ich will nicht mit dir reden.
– Mensch, Hannes! Ich weiß Bescheid. Ich muss dich sehen, wir müssen was tun.
– Was denn du, Oberschlaue?
– Weiß nicht... aber wir müssen uns treffen. Übrigens, Wotan ist bei mir.
– Ach, Gott sei Dank, Wotan ist bei dir! Aber warum?
– Erklär ich dir später. Hannes, ich muss dich unbedingt sehen.
– Und wo?
– Bei mir lieber nicht. Meine Mutter ist da. Sie stellt eine Million Fragen...

– Wo dann?
– An der alten Schuhfabrik.
– Wo ist die denn?
– Das ist easy. Du gehst jetzt aus dem Haus. Ich ruf dich in fünf Minuten wieder an und beschreib dir genau den Weg. Wotan nehme ich mit.

Teil 2

Also, Du gehst bis zur Ecke Schubertstraße und dann links. Bis zur Ampel. Da gehst du nach rechts und gleich in die nächste Straße wieder rechts. Du kommst dann zur Brücke, da gehst du gerade aus weiter...

Seite 120, **Zwei Städte, zwei Programme**

Clara: Das Jugendtheater ist toll. Es gibt jedes Jahr mehrere Stücke für Kinder und Jugendliche, zum Beispiel Hänsel und Gretel. Dieses Jahr spielen sie Oliver Twist. Es nicht teuer. Ich gehe sehr gern ins Theater, am liebsten mit meiner Freundin. Später will ich Schauspielerin werden.
Sarah: Ich bin Fan der Füchse. Ich sehe jedes Spiel! Sie spielen wirklich gut und sind in ganz Deutschland bekannt.
Leandra: Ich bin Mitglied in einer Theatergruppe und wir nehmen jedes Jahr an dem Jugendkulturtag des Landes teil. Viele Theatertruppen oder Jugendgruppen kommen dahin. Die Stimmung ist ganz toll.
Fabian: Ich interessiere mich sehr für Technik. Roboter faszinieren mich. Im Sommer gibt es Kurse an der Uni für Kinder. Nächsten Sommer will ich den Kurs über Roboter machen.

Seite 126, **2. Ein Klassenausflug der Freunde aus Weißwasser**

– Hallo, Oliver, was machst du gerade?
– Ich suche Informationen im Internet über Dresden. Sie haben eine gute Homepage www.dresden.de. Ich soll ein interessantes Museum finden.
– Und ihr?
– Meine Gruppe kümmert sich um die Fahrt. Die Frage ist: Fahren wir mit dem Zug oder fahren wir mit dem Bus? Also, ich glaube, wir fahren besser mit dem Bus, das ist billiger.
– Und was habt ihr zu tun?
– Wir sollen eine Stadtrallye organisieren. Dafür gehen wir in die Bibliothek. Ja, wir sammeln Informationen über die Stadt. Eine Station soll zum Beispiel die Frauenkirche sein.

Seite 130, **2. Auf den Spuren der deutschen Märchen**

Jan: Wir haben letztes Jahr mit den Pfadfindern einen Ausflug zur Sababurg gemacht. Da hat ja Dornröschen gelebt – sagt man. Nicht weit vom Schloss ist ein Tierpark. Der ist sehr schön. Man kann da Bisons sehen und ganz alte Rassen von Pferden. Das fand ich toll.
Lisa: Unser Musiklehrer hat dieses Jahr den Wandertag organisiert. Wir sind nach Hameln gefahren. Dort haben wir das Musical „Rats" gesehen. Wir haben auch eine Schifffahrt auf der Weser gemacht. Ich habe diesen Tag ganz toll gefunden. Alle haben Spaß gehabt.
Tom: Wir sind mit der Klasse nach Bremen gefahren. Das Thema waren „Die Bremer Stadtmusikanten". Der Hund, der Esel, die Katze und der Hahn haben uns durch die Stadt geführt. Das war sehr lustig.

Seite 135, **1. Flug nach...**

– Der Flug nach Paris-Frankreich startet - Schalter 8.
– Der Flug nach Rom-Italien ist nun zum Einsteigen bereit Schalter 1.
– Alle Passagiere nach Madrid-Spanien - Bitte zum Schalter 3.
– Flug nach Athen-Griechenland - Jetzt zum Schalter 5.
– Die Passagiere des Lufthansa-Flugs LH456 nach Wien/Österreich bitte sofort zum Schalter 4.
– Passagier Faber bitte zum Schalter 2 – der Flug nach London - England startet in 5 Minuten.
– Passagiere nach Oslo - Norwegen - Gehen Sie bitte zum Schalter 6.

Seite 136, **2. Ferienziele**

Annemarie: Hey, wo war denn das?
Marlies: In Kroatien.
Annemarie: In Kroatien? Warst du da letztes Jahr?
Marlies: Ja, letztes Jahr.
Annemarie: Schön.
Marlies: Und wo ist das hier, wo du auf den Berg kletterst?
Annemarie: Das war auf Korsika, auf dem höchsten Berg
Annika: Da wart ihr in den Bergen, sozusagen.
Annemarie: Ja, und am Meer, beides.
Lukas: Ist das hier auch in Kroatien?
Marlies: Ja, das ist auch in Kroatien, das ist in Pula.
Annika: Und was ist da, im Hintergrund?
Marlies: Das ist so ein Kolosseum.
Annika: Ach so?
Annemarie: Und ich sehe gar keine Bilder von dir, Annika, wo warst du eigentlich?
Annika: Ich war in Frankreich, mit den Pfadfindern, in Verdun.
Annemarie: Schön.
Lukas: Ich war in der Schweiz, in den Bergen. Und du, Vali?
Marlies: War da gutes Wetter?
Lukas: Ja, es war erst gutes Wetter, und dann gab es noch Schnee. Und du, Vali?
Vali: Ich war in Frankreich, in Vaisons-la-Romaine.
Lukas: Und? War schön?
Vali: Ja!
Annika: Wo liegt denn das, in welchem Teil von Frankreich?
Vali: In der Provence.
Annika: Ach so.

Seite 138, **Ein Hannes zu viel, Folge 12**

– Ja, mein Junge... Ich bin manchmal sehr streng mit dir. Aber ich denke, du kannst viel mehr. Du kannst Mathematik viel besser, als du meinst. Ich will dir nur helfen. Und bestimmt kein Problem in deinem Leben sein.
– Hannes versteh doch, du musst dir jetzt ganz fest wünschen, wieder in deinem Leben zu sein. Mit Mathe und ohne Angst. Dann wird alles wieder gut.
– So ist das Hannes, du hast Angst vor Mathematik. Dann willst du am liebsten aus deinem eigenen Leben weg. Und dann kommt der andere Hannes. Der Hannes, der Mathe liebt. Aber der ist nicht so lieb wie du. Nicht so lustig. Und nicht der beste Freund von deinen Freunden. Er kann etwas, was du nicht kannst. Oder besser: Du glaubst, du kannst es nicht. Aber ich bin sicher: Du bist gar nicht so schlecht in Mathe. Nicht wahr, Herr Zahlmann?

Wörterbuch Lexique

Ce dictionnaire allemand-français est destiné à faciliter la compréhension. Il ne comporte pas les mots transparents. Les verbes marqués d'une astérisque (*) se conjuguent avec l'auxilaire *sein*.

A

Abend, der	le soir
Abendbrot, das	le repas du soir
Abendessen, das	le dîner
Abenteuerpark, der	le parc d'aventures
aber	mais
ab/fahren (fährt ab / u-a)*	partir (en voyage)
Achterbahn, die	le grand huit
Adler (-), der	l'aigle
Affe (n, n), der	le singe
Afrika	l'Afrique
Ägypten	l'Egypte
akzeptieren	accepter
alle	tous
allein	seul
alles	tout
alt	vieux
Alter, das	l'âge
Ameise (n), die	la fourmi
Amerika	l'Amérique
Ampel (n), die	le feu tricolore
ander-	autre
Anfang (¨-e), der	le début
an/fangen (fängt an / i-a)	commencer
Anfänger (-), der	le débutant
Angebot (e), das	l'offre
angeln	pêcher à la ligne
Angst, die	la peur
an/gucken	regarder
an/kommen (kommt an / a-o)*	arriver
an/rufen (ruft an / ie-u)	appeler au télé-phone
an/schauen	regarder
an/sehen (sieht an / a-e)	regarder
anstrengend	fatigant
an/ziehen, sich (zieht sich an / o-o)	s'habiller
Apfel (¨), der	la pomme
April	avril
Arbeit, die	le travail
Arm (e), der	le bras
Arzt (¨-e), der	le médecin
Asien	l'Asie
Atlantikküste (n), die	la côte atlantique
auch	aussi
auf einmal	tout à coup
auf/machen	ouvrir
auf/stehen (stand auf-aufgestanden)*	se lever
auf/wachen*	se réveiller
Auge (n), das	l'œil
August	août
Ausdruck (¨-e), der	l'expression
Ausflug (¨-e), der	l'excursion
Ausland, das	l'étranger (pays)
aus/machen	éteindre
aus/packen	déballer
aus/sehen (sieht aus / a-e)	avoir l'air
Aussehen, das	l'apparence, l'aspect extérieur
Ausstellung (en), die	l'exposition
Austausch (e), der	l'échange
aus/wählen	choisir
Ausweis, der	la pièce d'identité

B

Bad / Badezimmer (-), das	la salle de bains
baden	se baigner
Bahnhof (¨-e), der	la gare
bald	bientôt
Band (s), die	le groupe de musique
Bank (¨-e), die	le banc
Bär (en, en), der	l'ours
basteln	fabriquer de ses mains, bricoler
Baum (¨-e), der	l'arbre
beginnen (a-o)	commencer
Bein (e), das	la jambe
bekannt	connu
bekommen (a-o)	recevoir
Belgien	la Belgique
bellen	aboyer
bemerken	remarquer
Berg (e), der	la montagne
berühmt	célèbre
Bescheid wissen (weiß / u-u)	être au courant
beschreiben (ie-ie)	décrire
besichtigen	visiter
besonders	particulièrement
besorgt	inquiet
Besuch, der	la visite
Bett (en), das	le lit
bezaubern	enchanter
Biene (n), die	l'abeille
bieten (o-o)	offrir
blass	pâle
blau	bleu
bleiben (ie-ie)*	rester
blöd (fam.)	nul, débile
bloß	seulement
böse	méchant
bowlen	faire du bowling
braten (brät / ie-a)	cuire (à la poêle, au four)
brauchen	avoir besoin de
braun	marron
bremsen	freiner
Brief (e), der	la lettre
Brille, die	les lunettes
bringen (brachte-gebracht)	apporter
Brot (e), das	le pain
Brücke (n), die	le pont
Bruder (¨), der	le frère
Buch (¨-er), das	le livre
Bühne, die	la scène
Bulgarien	la Bulgarie
Bundesliga, die	le championnat national de football
Burg, die	le château fort

C

Chemie, die	la chimie
Chor, der	la chorale
Clique (n), die	la bande de copains
Comic (s), der	la bande dessinée

D

da	là, à ce moment-là
danach	après
dann	ensuite
Datum, das	la date
dauern	durer
Decke (n), die	la couverture
Delphin (e), der	le dauphin
denken (dachte-gedacht)	penser
denn	car
deutsch	allemand
Deutschland	l'Allemagne
Dezember	décembre
dick	gros
Dienstag, der	le mardi
Direktor (en), der	le directeur
doch	si
Donnerstag, der	le jeudi
Dorf (¨-er), das	le village
Dornröschen	la Belle au Bois Dormant
dort	là-bas
draußen	dehors
Dressing, das	la sauce de salade
dunkel	sombre
durch	à travers
duschen	se doucher

E

Ecke (n), die	le coin

eigen-	particulier, privé
ein bisschen	un peu
einfach	simple(ment), facile(ment)
einige	quelques
ein/kaufen	faire des courses
Einkaufszentrum (en), das	le centre commercial
ein/laden (lädt ein / u-a)	inviter
einmal	une fois
ein/schlafen (schläft ein / ie-a)*	s'endormir
Eintritt, der	l'entrée
Einwohner (-), der	l'habitant
Eis, das	la glace
Eisbär (en, en), der	l'ours polaire
Eisdiele, die	le café glacier
eklig	dégoûtant
Ende (n), das	la fin
enden	finir
England	l'Angleterre
Ente (n), die	le canard
Erdbeere (n), die	la fraise
Erdkunde, die	la géographie
erfahren (erfährt / u-a)	apprendre (une information)
erfinden (a-u)	inventer
Erinnerung, die	le souvenir
Erlebnis (se), das	l'expérience (vécue)
Erwachsene (n), der	l'adulte
erzählen	raconter
Erzähler (-), der	le narrateur
Esel (-), der	l'âne
essen (isst / aß-gegessen)	manger
Eule (n), die	la chouette
Europa	l'Europe

F

Fach (¨-er), das	la matière (scolaire)
fahren (fährt / u-a)*	aller, rouler
Fahrrad (¨-er), das	le vélo
Fahrt (en), die	le trajet
falsch	faux
fangen (fängt / i-a)	attraper
Farbe (n), die	la couleur
Februar	février
feiern	fêter
Fenster (-), das	la fenêtre
Ferien (pl.), die	les vacances
fern/sehen (sieht fern / a-e)	regarder la télévision
Fernsehen, das	la télévision
Fest (e), das	la fête
fett	gras
Figur (en), die	le personnage
finden (a-u)	trouver
Fisch (e), der	le poisson
Fleisch, das	la viande
fliegen (o-o)*	voler, aller en avion
Flöte (n), die	la flûte
Flug (¨-e), der	le vol (avion)
fort/gehen (geht fort / i-a)*	s'en aller
Frankreich	la France
französisch	français
Frau (en), die	la femme
frei	libre
Freitag, der	le vendredi
Freizeit, die	les loisirs, le temps libre
fressen (frisst / a-e)	manger (pour les animaux)
freuen, sich	se réjouir
Freund (e), der	l'ami
Freundin (nen), die	l'amie
frieren (friert / o-o)	avoir froid, geler
frisch	frais
froh	content
Frosch (¨-e), der	la grenouille
früh	tôt, de bonne heure
Frühling, der	le printemps
Frühstück, das	le petit-déjeuner
frühstücken	prendre le petit déjeuner
Fuchs (¨-e), der	le renard
fühlen	sentir
führen	conduire, mener
Fuß (¨-e), der	le pied
Fußgängerzone (n), die	la zone piétonne
füttern	nourrir

G

ganz	tout, en entier
Garten (¨), der	le jardin
Gast (¨-e), der	l'invité
Gebäude (-), das	le bâtiment
geben (gibt / a-e)	donner
geboren sein	être né(e)
Geburtsort (e), der	le lieu de naissance
Geburtstag (e), der	l'anniversaire
Gedicht (e), das	le poème
gefährlich	dangereux
gefallen (gefällt / ie-a)	plaire
gegen (zehn Uhr...)	vers (dix heures...)
gehen (i-a)*	aller
gehören zu	faire partie de
Geige (n), die	le violon
gelb	jaune
Gemüse, das	les légumes
gern	volontiers
Geschäft (e), das	le magasin
Geschenk (e), das	le cadeau
Geschichte (n), die	l'histoire
Geschwister, die	les frères et sœurs
Gespenst (er), das	le fantôme
getigert	tigré
Getränk (e), das	la boisson
Gewicht, das	le poids
gewinnen (a-o)	gagner
Glas (¨-er), das	le verre
glauben	croire
Glück, das	la chance
glücklich	heureux
Goldfisch (e), der	le poisson rouge
Grad, der	le degré
gratulieren (+ datif)	féliciter
grau	gris
grillen	faire un barbecue
groß	grand
großartig	génial
Größe (n), die	la taille
grün	vert
Gruppe (n), die	le groupe
gucken	regarder
Gurke (n), die	le concombre
gut	bien, bon
Gymnasium, das	le lycée

H

Haar (e), das	le cheveu
hacken	hacher
Hackfleisch, das	la viande hachée
Hahn (¨-e), der	le coq
Hase (n, n), der	le lièvre
Hauptstadt (¨-e), die	la capitale
Hauptstraße (n), die	la rue principale
Haus (¨-er), das	la maison
Hausaufgabenhilfe, die	l'aide aux devoirs
Hausmeister (-), der	le gardien, l'agent d'accueil
Haustier (e), das	l'animal domestique
heißen (ie-ei)	s'appeler
helfen (hilft / a-o)+ datif	aider
hell	clair
Herbst, der	l'automne
herein/kommen (a-o)*	entrer
Herr (n, en), der	l'homme, le monsieur
heute	aujourd'hui
hier	ici
Himbeere (n), die	la framboise
Himmel, der	le ciel
hoch	haut
höflich	poli
hören	entendre
Huhn (¨-er), das	la poule
Hund (e), der	le chien
Hündin (nen), die	la chienne
Hunger, der	la faim

I

Igel (-), der	le hérisson
immer	toujours
Inline-Skating, das	le roller en ligne

Insel (n), die	l'île
interessieren, sich	s'intéresser
Internetcafé (s), das	le cyber-café
Italien	l'Italie

J

Jahr (e), das	l'année
Jahreszeit (en), die	la saison
Januar	janvier
jeder	chaque, chacun
jetzt	maintenant
Job (s), der	le travail, le boulot
Jugend, die	la jeunesse
Jugendhaus (¨-er), das	la maison des jeunes
Jugendherberge (n), die	l'auberge de jeunesse
Jugendliche (n), der	le jeune
Juli	juillet
Junge (n, n), der	le garçon
Juni	juin

K

Kaffee, der	le café
Käfig, der	la cage
kalt	froid
Kamel (e), das	le chameau
Kamera (s), die	la caméra, l'appareil photo
Kaninchen (-), das	le lapin
Kartoffel (n), die	la pomme de terre
Käse, der	le fromage
Kasse (n), die	la caisse
Katze (n), die	le chat
kauen	mâcher
kaufen	acheter
Kaugummi (s), der	le chewing-gum
kennen (kannte-gekannt)	connaître
Kind (er), das	l'enfant
Kino (s), das	le cinéma
Kirche (n), die	l'église
Kirsche (n), die	la cerise
klar	clair
Klavier, das	le piano
Klavierstunde (n), die	le cours de piano
klein	petit
Kleinigkeit (en), die	la bricole
klettern	faire de l'escalade
klingeln	sonner
Koch (¨-e), der	le cuisinier
Köchin (nen), die	la cuisinière
kochen	faire la cuisine, cuire
Kochstudio, das	le cours de cuisine à la télévision
kommen (a-o)*	venir
können	pouvoir, être capable
Konzert (e), das	le concert
Kopf (¨-e), der	la tête
Korsika	la Corse
Kreis (e), der	le cercle
Kroatien	la Croatie
Kuchen (-), der	le gâteau
Kuh (¨-e), die	la vache
Kühlschrank (¨-e), der	le réfrigérateur
kümmern um, sich	s'occuper de
Kunst, die	les arts plastiques
Kurs (e), der	le cours
kurz	court
Küste, die	la côte

L

lachen	rire
Land (¨-er), das	le pays
lang	long
laufen (läuft / ie-au)*	courir
Laune, die	l'humeur
Lavendel, der	la lavande
leben	vivre
Leben, das	la vie
lebendig	vivant
lecker	délicieux
legen, sich	s'allonger
Lehrer (-), der	le professeur
Lehrerin (nen), die	
Leichtathletik, die	l'athlétisme
lernen	apprendre
lesen (liest / a-e)	lire
Leute (pl.), die	les gens
Licht (er), das	la lumière
lieb	gentil, mignon
lieben	aimer, adorer
Lieblingsessen, das	le plat préféré
Lied (er), das	le chant, la chanson
liegen (a-e)	se trouver, être allongé
lösen	résoudre
Löwe (n, n), der	le lion
Luft, die	l'air
Lust haben	avoir envie
lustig	drôle, amusant

M

machen	faire
Mädchen (-), das	la jeune fille
malen	peindre
manchmal	parfois
Mannschaft (en), die	l'équipe
Märchen (-), das	le conte de fées
Markt, der	le marché
März	mars
Matratze (n), die	le matelas
Maus (¨-e), die	la souris
Meer, das	la mer
Meerschweinchen (-), das	le cochon d'Inde
mehr	plus
mehrere	plusieurs
meistens	la plupart du temps
merken	remarquer
Milch, die	le lait
minus	moins (calcul)
mischen	mélanger
mit/machen	participer
Mittag, der	midi
Mittagessen, das	le déjeuner
Mittwoch, der	le mercredi
Modell (e), das	le modèle
Moderator (en), der	le présentateur
Moderatorin (nen), die	la présentatrice
mögen	aimer, apprécier
möglich	possible
Möglichkeit (en), die	la possibilité
Monat (e), der	le mois
Montag, der	le lundi
morgen	demain
Morgen, der	le matin, la matinée
müde	fatigué
Müller (-), der	le meunier
Murmeltier (e), das	la marmotte
Museum (en), das	le musée
Musical (s), das	la comédie musicale
musikalisch	musicien
Musikant (en, en), der	le musicien
müssen	devoir, être obligé
Mutter (¨), die	la mère

N

Nachhilfe, die	le cours de soutien
Nachmittag, der	l'après-midi
Nachricht (en), die	la nouvelle, l'information
Nacht (¨-e), die	la nuit
Nahrung, die	la nourriture
Name (en, en), der	le nom
Namensschild (er), das	l'étiquette avec le nom
nämlich	en effet
Nase, die	le nez
Nashorn (¨-er), das	le rhinocéros
neben	à côté
nehmen (nimmt / a-o)	prendre
nennen (nannte-genannt)	nommer
neu	nouveau
Niederlande (pl.), die	les Pays-Bas
niemand	personne
Nilpferd (e), das	l'hippopotame
noch	encore
Norden, der	le nord
Nudelgericht (e), das	le plat de pâtes
nun	à présent
nur	seulement

O

oben	en haut
Obst, das	les fruits
oder	ou

öffnen — ouvrir
Öffnungszeit (en), die — l'horaire d'ouverture
oft — souvent
ohne — sans
Ohr (en), das — l'oreille
Öl, das — l'huile
Oma — Mamie
Opa — Papi
Ordnung, die — l'ordre
Ort (e), der — le lieu
Osterferien (pl.), die — les vacances de Pâques
Österreich — l'Autriche
Ostsee, die — la mer Baltique

P

Paprika (s), die — le poivron
Partnerschule (n), die — l'école partenaire
Partnerstadt (¨-e), die — la ville jumelée
Party (s), die — la boum, la soirée
passen — aller avec, correspondre à
Pause (n), die — la récréation
Pausenhof, der — la cour de récréation
Person (en), die — la personne
persönlich — personnel(lement)
Petersilie, die — le persil
Pfadfinder (-), der — le scout
Pferd (e), das — le cheval
Pfote (n), die — la patte
planen — organiser
Platz (¨-e), der — la place
plötzlich — soudain
plus — plus (calcul)
Polen — la Pologne
Posaune, die — le trombone
Postkarte (n), die — la carte postale
Postleitzahl (en), die — le code postal
Preis (e), der — le prix
proben — répéter (théâtre, musique)
Profi (s), der — le professionnel
Punkt (e), der — le point
putzen — laver, nettoyer

Q

Qualle (n), die — la méduse
Querflöte (n), die — la flûte traversière

R

Rabe (n, n), der — le corbeau
Radtour (en), die — la randonnée à vélo
rasen* — foncer, courir
Rätsel (-), das — l'énigme
Ratte (n), die — le rat
Räuber (-), der — le brigand
Raum (¨-e), der — la pièce, l'espace
rechnen — compter
reden — parler
regnen — pleuvoir
Reh (e), das — le chevreuil
Reis, der — le riz
Reise (n), die — le voyage
Reiseführer (-), der — le guide touristique
reiten (reitet / ritt-geritten)* — faire du cheval
rennen (rannte-gerannt)* — courir
Rezept (e), das — la recette
richtig — vrai, correct
riechen (o-o) — sentir
rot — rouge
rufen (ie-u) — appeler/s'écrier
ruhig — calme

S

Saft, der — le jus
sagen — dire
Samstag, der — le samedi
satt — rassasié
Schach spielen — jouer aux échecs
schade — dommage
Schaf (e), das — le mouton
schälen — peler, éplucher
Schalter, der — le guichet
Schauspieler (-), der — l'acteur
schicken — envoyer
Schiff (e), das — le bateau
Schifffahrt, die — la promenade en bateau
Schildkröte (n), die — la tortue
schlafen (schläft / ie-a) — dormir
Schlafsack (¨-e), der — le sac de couchage
Schlagzeug, das — la batterie
Schlange stehen — faire la queue
schlecht — mauvais, mal
Schlitten, der — la luge
Schloss (¨-er), das — le château
Schnee, der — la neige
schneien — neiger
schnell — vite
schon — déjà
schön — bien, beau
Schönheit, die — la beauté
schrecklich — horrible
schreien (ie-ie) — crier
Schritt (e), der — le pas
Schulbücherei (en), die — la bibliothèque de l'école
Schule, die — l'école
Schüler (-), der — l'élève
Schülerin (nen), die
Schüssel, die — le saladier
Schwanz, der — la queue
schwarz — noir
Schwein (e), das — le cochon
Schweiz, die — la Suisse
Schwester (n), die — la sœur
Schwimmbad (¨-er), das / Schwimmhalle, die — la piscine
schwimmen (a-o)* — nager
See (n), der — le lac
Seehund (e), der — le phoque
Sehenswürdigkeiten (pl.), die — les curiosités
sehr — très
seit — depuis
selbst — même
Sendung (en), die — l'émission
setzen, sich — s'asseoir
shoppen — faire les magasins
Sibirien — la Sibérie
singen (a-u) — chanter
sitzen (saß-gesessen) — être assis
Ski fahren (fährt / u-a)* — faire du ski
sollen — devoir
Sommer, der — l'été
Sonne, die — le soleil
Sonntag, der — le dimanche
sonst — sinon
Spanien — l'Espagne
Spaß haben — s'amuser
spät — tard
spätestens — au plus tard
spazieren gehen* — se promener
Spiel (e), das — le jeu, le match
spielen — jouer
Spinat, der — les épinards
Spinne (n), die — l'araignée
Spitzname (n, n), der — le surnom
Sport treiben — faire du sport
Sporthalle (n), die — le gymnase
sportlich — sportif
Sportplatz (¨-e), der — le terrain de sport
Sprache (n), die — la langue
sprechen (spricht / a-o) — parler
springen (a-u)* — sauter, sautiller
Spur (en), die — la trace
Stadt (¨-e), die — la ville
statt/finden (findet statt / a-u) — avoir lieu
stehen (steht / stand-gestanden) — être debout
stellen — mettre, poser
sterben (stirbt / a-o)* — mourir
Stern (e), der — l'étoile
Stiefvater, der — le beau-père
still — silencieux
Stimme (n), die — la voix
Stimmung, die — l'ambiance
strahlend — rayonnant
Strand (¨-e), der — la plage
Straße (n), die — la rue
streicheln — caresser
streng — sévère
Stück (e), das — le morceau, la part
Student (en, en), der — l'étudiant
Stunde (n), die — l'heure
Sturmflut (en), die — le raz-de-marée
suchen — chercher
Süden, der — le sud

süß	mignon, sucré
Süßigkeit (en), die	la sucrerie

T

Tag (e), der	le jour
Tagesablauf (¨-e), der	le déroulement de la journée
täglich	tous les jours
tanzen	danser
Tapete (n), die	le papier peint
Tasche (n), die	le sac
Taube (n), die	le pigeon
Team (s), das	l'équipe
Teelöffel (-), der	la cuillère à café
Teil (e), der	la partie
teilen	partager
teil/nehmen (nimmt teil / a-o)	participer
Teppich (e), der	le tapis
Tier (e), das	l'animal
Tierpark (s), der	le parc animalier
Tierpfleger (-), der	le soigneur d'animaux
Tischtennis, das	le tennis de table
Tochter (¨), die	la fille
toll	super
Tor (e), das	le portail, le but (football)
Torte (n), die	la tarte
trainieren	s'entraîner
Traum (¨ e), der	le rêve
träumen	rêver
traurig	triste
treffen (trifft / a-o)	rencontrer
Trend, der	la mode, la tendance
Trickfilm (e), der	le film d'animation
trinken (a-u)	boire
trocken	sec
tun (tut / tan-getan)	faire de l'escalade
Tür (en), die	la porte
turnen	faire de la gymnastique
Turnier (e), das	le tournoi

U

üben	s'exercer
über	sur, au-dessus de
Uhr (en), die	l'heure, la montre
Uhrzeit (en), die	l'heure
Uhu, der	le hibou
um (+ acc.) … herum	autour de …
Umfrage (n), die	le sondage
ungefährlich	inoffensif, non dangereux
unten	en bas
unter	sous
Unterbringung (en), die	l'hébergement
Unterricht, der	le cours
Urlaub, der	les vacances

V

Vater (¨), der	le père
Veranstaltung (en), die	la manifestation (culturelle ou sportive)
verboten	interdit
verbringen (verbrachte-verbracht)	passer (du temps)
Verein (e), der	le club, l'association
verkaufen	vendre
verrückt	fou
verschieden	différent
versprechen (verspricht / a-o)	promettre
verstehen (versteht / verstand-verstanden)	comprendre
Verwandten (pl.), die	les parents, les membres de la famille
viel	beaucoup
vielleicht	peut-être
Vogel (¨), der	l'oiseau
voll	plein, complet
völlig	complètement
vor	avant
vor/bereiten	préparer
Vormittag, der	la matinée
Vorname (n, n) der	le prénom
Vorschlag (¨-e), der	la proposition

W

wach	éveillé
Wagen (-), der	la voiture
während	pendant
Wal (e), der	la baleine
Wald (¨-er), der	la forêt
Walzer (-), der	la valse
wandern*	faire une randonnée
Wanderung, die	la randonnée
wann	quand
warm	chaud
warten	attendre
Waschbär (en, en), der	le raton laveur
waschen (wäscht / u-a)	laver
Wasser, das	l'eau
Webseite (n), die	le site Internet
Wecker, der	le réveil
Weg (e), der	le chemin
weg sein	être parti
weg/gehen (geht weg / i-a)*	s'en aller
weg/rennen (rennt weg / a-a)*	s'enfuir en courant
weh tun (tut / tat-getan)	faire mal
weich	doux
weinen	pleurer
weiß	blanc
welcher	quel
Welt, die	le monde
weltbekannt	mondialement connu
wenn	quand, lorsque
Wetter (-), das	le temps (qu'il fait)
wichtig	important
wie	comment, comme
wieder	de nouveau
Winter, der	l'hiver
wirklich	vraiment
wissen (weiß / wusste-gewusst)	savoir
Woche (n), die	la semaine
wohnen	habiter
Wohnort (e), der	le domicile
Wohnung (en), die	l'appartement
Wolf (¨-e), der	le loup
wollen	vouloir
wunderbar	merveilleux
wunderschön	magnifique
wünschen	souhaiter
Würfel (-), der	le dé
Würstchen (-), das	la saucisse

Z

Zahn (¨-e), der	la dent
Zaubertrick (s), der	le tour de magie
zeichnen	dessiner
Zeichner (-), der	le dessinateur
zeigen	montrer
Zeiger (-), der	l'aiguille (montre)
Zeit, die	le temps
Zeitung (en), die	le journal
Ziege (n), die	la chèvre
Zimmer (-), das	la pièce, la chambre
zu	trop
zu viel	trop de
Zucker, der	le sucre
zuerst	d'abord
Zug (¨-e), der	le train
zu/machen	fermer
zurück/geben (gibt zurück / a-e)	rendre
zurück/kehren*	revenir
zusammen	ensemble
Zuschauer (-), der	le spectateur
Zutaten, die	les ingrédients
Zwiebel (n), die	l'oignon
zwischen	entre

Crédits photographiques, illustrations et textes

10		David Bart
17	6	Philippe Devanne/Fotolia.com
17	4	Onidji/Fotolia.com
17	5	Eric Martinez/Fotolia.com
17	3	Piligrim/Fotolia.com
17	10	Marc Dietrich/Fotolia.com
17	9	Sumnersgraphicsinc/Fotolia.com
17	8	Mipan/Fotolia.com
17	7	Andres Rodriguez/Fotolia.com
18	3	Nonstock/Jupiterimages
18	4	Famille Schuster
18	6	Nicolas Tavernier/Réa
22	2	Andreas Lander/dpa
22	1	Philip J. Brittan/Photonica/ Getty Images
23		Schroth/Ullstein
28	2mb	Yong Hian Lim/Fotolia.com
28	2b	Olga Lyubkina/Fotolia.com
28	2h	Springer-Pics/Ullstein
28	2mh	Gabula Art-Foto/StockFood/StudioX
28	3m	Nintendo
40	mg	Chrystel Proupuech
43	2	Klein J.-L. & Hubert M.-L./Biosphoto
43	6	Labat J.-M. & RouquetteF./ Biosphoto
43	7	Klein J.-L. & Hubert M.-L./Biosphoto
43	8	Mafart-Renodier Al/Biosphoto
43	1	Jerry Young/Dorling Kindersley/ Getty Images
43	3	G.K. & Vikki Hart/Stone/ Getty Images
43	5	David A. Northcott/Corbis
43	4	Jolanda Cats/StockFood Creative/ Getty Images
45	mg	Imagebroker.net/Mauritius/ Photononstop
45	hd	Kerstin Layer/Mauritius/ Photononstop
45	bd	Rutz/PicturePress/StudioX
48	h	W. Perry Conway/Corbis
48	bg	Stefano Amantini/Atlantide Phototravel/Corbis
48	bd	Zoo Berlin
49	hd	Wolfgang Kumm/dpa
49	bg	Rainer Jensen/dpa-International
49	md	Peters/Ullstein
49	hg	Zoo Berlin
54	C	Liz Gregg/Digital Vision/ Getty Images
54, 55	B	Famille Bertko
59	C	Werner Otto/Ullstein
59	D	Imagebroker.net/Ullstein
59	B	Schulz/Ullstein
63	D, F	Imagebroker.net/Ullstein
63	A, E	Wolfgang Weinhäupl/Mauritius/ Photononstop
63	B, G	Uwe Umstätter/Mauritius/ Photononstop
63	C	Oberhaeuser/Caro/Alamy
65	hd	Mermet/Photononstop
65	bg	Keri Pinzon/Digital Vision/ Getty Images
68		Imagebroker.net/Ullstein
69	hg	Guido Bergmann/dpa - Bildarchiv
69	bd	Hunger/Ullstein
74	hg, hm	Photolibrary/Photononstop
74	hd	Liz Gregg/Digital Vision/ Getty Images
76	md, bd	Hainberg-Gymnasium Göttingen
78	hg, hd	Imagebroker.net/Ullstein
78	bd	Vision Photos/Ullstein
78	bg	Fotofeeling.com/Ullstein
79	bd, md	Imagebroker.net/Mauritius/ Photononstop
79	bg	Alex/Fotolia.com
79	mg	Konzept und Bild/Ullstein
79	hg	Martin Ley/Mauritius/Photononstop
79	hd	ZDF
81	F	Blende11.de/Ullstein
81	A	Olga Lyubkina/Fotolia.com
81	B	Yuri Hvostenko/Fotolia.com
81	E	Schicke/Ullstein
81	D	A. Tosatto/Contrasto-Réa
81	H	Journaliste Petra Gerster/ZDF
81	C, I	Birgit Carle
84, 85		ZDF
89		"Green Line, 3" photo couverture Ariel Skelley/Corbis
89		"Politik, 1", Schöningh
89		"Biologie Heute, 2", Bildungshaus Schulbuchverlage. Westermann Schroedel Diesterweg. Schöningh Winklers GmbH, Braunschweig
89		"Geschichte Konkret, 1", Bildungshaus Schulbuchverlage. Westermann Schroedel Diesterweg. Schöningh Winklers GmbH, Braunschweig
89		"Bildende Kunst, 2", Bildungshaus Schulbuchverlage. Westermann Schroedel Diesterweg. Schöningh Winklers GmbH, Braunschweig
89		"Netzwerk Physik", Bildungshaus Schulbuchverlage. Westermann Schroedel Diesterweg. Schöningh Winklers GmbH, Braunschweig
89		"Seydlitz, 2", Bildungshaus Schulbuchverlage. Westermann Schroedel Diesterweg. Schöningh Winklers GmbH, Braunschweig
89		"Découvertes Band, 1", Ernst Klett Verlag GmbH, Stuttgart, 2004
89		"Leben Leben, 7/8", Ernst Klett Verlag GmbH
89		"Green Line, 3", Ernst Klett Verlag GmbH
89		"Musik, 7/8", Persen Verlag GmbH
94	hg	Joerg Heimann/Bilderberg/StudioX
94	md	Sebastian Widmann/dpa
94	hd	Hainberg-Gymnasium, Göttingen
95	hd	Wolfgang Weihs/ Picture-Alliance/dpa
95	bg	Hainberg-Gymnasium, Göttingen
99	hg, md	Diekleinert/Mauritius/Photononstop
99	bg	Uli Stein/Catprint Media
100	mc	Eckel/Ullstein
100	mg, md, bg	Imagebroker.net/Ullstein
100	bd	Marc Gilsdorf/Mauritius/ Photononstop
100	hd	Rosenfeld/Mauritius/Photononstop
101	md	Arne Pastoor/Mauritius/ Photononstop
101	hd	Edward Bock/Corbis
101	bd	Michael Mahovlich/Masterfile
104	md	Peter Rathmann/Mauritius/ Photononstop
104	bd	Strauss/StockFood/StudioX
104	hd	Foodpix/Jupiter Images
105	hd	Krieg/StockFood/StudioX
105	md	Jens Wolf/dpa-Report
110		Purestock/Getty Images
112	bm	Imagebroker.net/Mauritius/ Photononstop
112	hd	Famille Schweda
112	bg	David Bart
114	h	Göttingen Tourismus
114	b	Grosse Kreisstadt Weisswasser/ O.L., www.weisswasser.de
115	a, d	Imagebroker.net/Mauritius/ Photononstop
115	e	Jan-Peter Kasper/ ZB-Fotoreport/dpa
115	c	Hainberg-Gymnasium, Göttingen
115	b	Daniel Schwen, GNU Free Documentation License/Wikimedia
116	B	Torsten Dalitz, DR
116	F	DB Stefan Rampfel/dpa
116	D	Alcito Theodoro da Silva/ Göttingen Tourismus
116	C	Torsten Krüger/Göttingen Tourismus
116	A	Dorothea Heise/ The Deutsches Theater, Göttingen
116	E	Fuer Harald and Erhard Fotografie/ Taxi/Getty Images
117	h	Thomas Eisenhuth/dpa-sportreport
117	m	Matthias Heikel/dpa
120	bd	Patrick Pleul/dpa-Report
120	md	Torsten Krüger/Göttingen Tourismus
120	hg	Göttingen Tourismus
121	hd	Thomas Eisenhuth/dpa
121	hm	Grosse Kreisstadt Weisswasser/ O.L., www.weisswasser.de
125	D	Philip and Karen Smith/Iconica/ Getty Images
125	E	Rich Reid/National Geographic/ Getty Images
125	B	Image Source Black/Image source/ Getty Images
125	A	Tom Bean/Corbis
125	C	Ingolf Pompe/Hemis.fr
126	hd	Geoatlas, 2008
126	b	Deutsche Bahn
127	mg, bg	Peter Lehner/Mauritius/ Photononstop
127	mm	Imagebroker.net/Mauritius/ Photononstop
127	md	Ruairi O'Brien/ Erich Kästner Museum
131	m	Werner Otto/Mauritius/ Photononstop
131	h	Hameln, www.hameln.de
136	bd	Ingolf Pompe/Hemis.fr
136	md	Bertrand Rieger/Hemis.fr
136	bg	Bertrand Gardel/Hemis.fr
136	mg	René Mattes/Hemis.fr
137	bg	Matthieu Colin/Hemis.fr
137	hg	Mauritius/Photononstop
137	mg	Mauritius/Photononstop
140	hg	Ihlow/Ullstein
140	hd	HPM/Age/Eyedea
140	bg	Jugendherberge Binz
141	hd, bg	Meester/Arco Images
141	hg	E Laue/Arco Images
147	m	Imagebroker.net/Mauritius/ Photononstop
147	h	Geoatlas, 2008

Anke Feuchter: 6, 18 (2), 29, 40, 53 (hd), 59 (A), 76, 115 (dm), 136 (hd)
Les Editions Didier: 9,17 (1), 44 (hg, bd), 64, 81 (G), 90, 91
Famille Brill: 11(1), 28 (1h), 54 (A)
Ralf Kästner: 11(2, 3, 4, 5), 19, 28 (1m, 1b), 80, 117 (b), 121 (bg), 126 (hg, mg), 127 (hg)
Lisa Ryder/Alamy: 13, 31, 57, 67, 93, 119, 139
Famille Schuster: 17 (2), 18 (1, 4)
Famille Schmidt-Hurtienne: 18 (5), 40 (bg), 44 (hd)
Maria Mora: 28 (3h, 4b, 4h), 79 (bg)
Famille Schneller: 40 (bm), 53, 76 (bg)
Famille Steuernagel: 44 (bg), 112 (hg, hm, mg)

Références sonores

piste 49: Fred Fenouille/Kosinus/Kapa Gama.

Conception et direction artistique de la couverture : Christian Dubuis Santini © Agence Mercure
Principes typographiques des pages intérieures (hors réalisation, dessins, photos et iconographie) : Christian Dubuis Santini © Agence Mercure
Mise en page : Gudrun Challe – **Photogravure :** Eurésys
Illustrations et collages : Sylvia Bataille : 15, 25, 35, 51, 52, 61, 62, 71, 87, 97, 107, 123, 133, 134, 143 - Theresa Bronn Barnoin : pictos 15, 25, 35, 51, 61, 71, 97, 107, 143, 104, 105, 107 - Bruno Conquet : 107, 130 - Judith Drews : 8, 135 - Alexandre Franc : 25, 97, 148, 149 - Anne Horrenberger : 140-141- Solène Olivier : 42, 146 - Chrystel Proupuech : 6, 41, 76, 78, 112 - Birgit Schössow : 12, 13, 20, 21, 30, 31, 46, 47, 56, 57, 66, 67, 82, 83, 92, 93, 102, 103, 118, 119, 128, 129, 138, 139
Conception et réalisation des pages « Projekt » : David Bart : 16, 26, 36, 52, 62, 72, 88, 98, 108, 124, 134, 144 et pages 90-91
Photomontages : Solène Olivier : 17, 28, 68, 69, 89
Cartes : plats 2-3 : Graffito
Enregistrements, montage et mixage : Fréquence Prod

Ein ganz besonders herzliches Dankeschön für Ihre Mitwirkung an: Annika, Marlies, Annemarie, Lukas und Valerian aus Göttingen und Maxi, Anna-Maria, Constanze, Annekatrin, Sebastian und Oliver aus Weißwasser, ihre Lehrer und Eltern!

 - ISBN 978-2-278-066256-0 - Dépôt légal 6256/04
Achevé d'imprimer en Italie par Rotolito en juillet 2009.

Die Bundesrepublik Deutschland, Österreich und die Schweiz

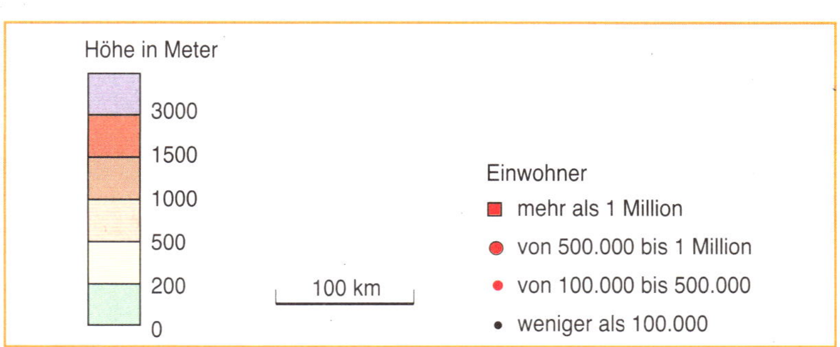